CON
BOOK.

Die Bloggerin und Autorin **Kristina vom Dorf** hat ihre Wurzeln in einer 750-Seelen-Gemeinde in Sachsen, fühlt sich aber nur in der weiten Welt zu Hause und jagt von einem Umzug in den nächsten. Nach ihrem Masterabschluss im Bereich Medienkommunikation hat sie als Moderatorin und Journalistin vor und hinter der Kamera gearbeitet. Seit ihrem Umzug nach Dänemark hat sie sich voll und ganz der Autorentätigkeit verschrieben.

KRISTINA VOM DORF

Was Sie dachten NIEMALS über DÄNEMARK wissen zu wollen

55 überraschende Einblicke in das hyggeligste Land der Welt

CONBOOK.

www.conbook-verlag.de

Textredaktion: Judith Heisig, Hamburg
Einbandgestaltung: Weiß-Freiburg GmbH, Grafik und Buchgestaltung unter Verwendung der Motive von Thomas La Mela/Shutterstock.com und Magicvector/Shutterstock.com
Satz: Röser MEDIA, Karlsruhe
Druck und Verarbeitung: Multiprint, Bulgarien

ISBN 978-3-95889-330-6
893306 01 22 7

INHALT

VORWORT

In Dänemark leben knapp sechs Millionen Menschen. Das kleine skandinavische Land grenzt an Deutschland und gehört der EU an, die Landessprache ist dänisch, und die Hauptstadt heißt Kopenhagen. Neben den unendlich langen Stränden und der rauen und wilden Natur, der kleinen Meerjungfrau und Märchenschreiber Hans Christian Andersen begeistern die dänische Architektur und das skandinavische Stilbewusstsein die Menschen außerhalb des Landes. Wahrscheinlich zählt Dänemark auch deshalb zu den beliebtesten Urlaubszielen der Deutschen. Obwohl die Dänen unsere direkten Nachbarn sind, sind diese Fakten oftmals das Maximum dessen, was wir über Dänemark wissen. Falls es Ihnen genauso geht, dann wissen Sie eigentlich nichts – und dieses Buch ist Ihre Chance, etwas daran zu ändern.

Dänemark und seine Kultur sind so viel mehr als Sehenswürdigkeiten und Urlaube am Strand. Sie glauben, dass ein europäisches Nachbarland Sie mit seinen Bräuchen und Sitten nicht überraschen kann? Dass es bei den Dänen doch sicher ähnlich läuft wie in Deutschland? Weit gefehlt! Die Verhaltensweisen, Gewohnheiten und Ideen der Skandinavier, die ich in diesem Buch beschreibe, werden Sie zum Staunen, Zweifeln, Lachen und Nachdenken bringen. Normal ist in diesem kleinen Land nichts.

Doch auch wenn Sie zu den vielen Dänemarkfans gehören, für die kein anderes Urlaubsland mehr in Frage kommt, und Sie ein großes Wissen über Ihr Herzensland angesammelt haben, dürften Ihnen die folgenden 55 Kapitel neue Fakten, Lacher und Denkanstöße vermitteln und Sie zugleich in Erinnerungen schwelgen lassen. Vorsicht, Fernwehgarantie!

Ich selbst habe mich nach meiner Auswanderung hoffnungslos in dieses Land und die Menschen verliebt und erwische mich dennoch regelmäßig bei dem Gedanken: »Die spinnen, die Dänen.« Doch nach einer gewissen Zeit in diesem schönen Land und mit den *hyggeligen* Skandinaviern bleibt hauptsächlich Bewunderung, Anerkennung und das Verständnis, warum die Dänen sind, wie sie eben sind. Tatsächlich gehören sie zu den glücklichsten Menschen der Welt, und selbst wenn sie dieses Ranking einmal nicht für sich entscheiden, sind sie dennoch unter den Top 5 zu finden. Gerade in Deutschland gelten die Dänen daher seit Jahren als die glücklichsten Menschen, auch wenn sie im Jahr 2021 schon das vierte Jahr in Folge ihren ersten Platz an Finnland abgeben mussten und damit seit 2018 »nur« Platz zwei im Ranking belegen. Der Titel scheint ihnen, zumindest in den Köpfen der Nachbarländer, dennoch sicher zu sein, und das kleine Völkchen arbeitet täglich daran, wieder ganz oben zu stehen.

Vorreiter sind die Dänen außerdem in der digitalen Welt: Der Alltag wird durch elektronische Vorgänge und ein nahezu bargeldloses Leben geprägt, dadurch spart der Däne Zeit und Nerven. Auch bei der Erziehung der Kleinsten gelten die Nordlichter als fortschrittliche Pädagogen und sind damit Vorbilder für viele Eltern. Ebenso eilt den Skandinaviern der Ruf als innovative und wegweisende Brückenbauer, Architekturexperten und stilsichere Trendsetter und Innenausstatter voraus.

Doch all diese Fakten und Fertigkeiten können nicht annähernd vermitteln, wie die Dänen wirklich ticken, was sie bewegt, wie sie leben und leben lassen. Sie haben nun ein ganzes Buch lang Zeit, sich Ihre eigene Meinung zu bilden und Ihrem Wissen über Dänemark und seine Bewohner eine ganz neue Tiefe zu geben. Sie können sich nicht vorstellen, Ihr Baby bei Wind und Wetter im Kinderwagen vor dem Café stehen zu lassen? Es würde Ihnen nie in den Sinn kommen, sich von jetzt auf gleich online scheiden zu lassen oder wahllos Ihren Vor- oder Zunamen zu ändern? Am Sonntag gehen Sie nicht einkaufen? Und Sie sind wirklich noch nie auf einer Müllverbrennungsanlage Ski gefahren? In diesem Buch werden die absurdesten, witzigsten, verblüffendsten und kuriosesten Verhaltensweisen der Dänen vorgestellt und näher erklärt. Ich bin mir sicher, Sie können noch viel von den dauerduzenden Nacktbader-Dänen lernen. Einmal Wikinger, immer Wikinger. Aber lesen Sie selbst.

DIE DÄNEN SIND HOTDOGFRESSENDE WIKINGER

1 Vorurteile

Die Dänen sind Wikinger, lieben den Regen und haben einen schrecklich schwarzen Humor, außerdem zählen sie zu den glücklichsten Menschen der Welt. Mehr Vorurteile und Gerüchte in einen Satz zu packen, ist fast unmöglich. Egal ob negative oder positive Vorurteile, fast jeder Mensch hat eine Meinung zu anderen Nationalitäten, auch wenn er deren Land nie besucht und nie mit der anderen Kultur gelebt hat.

Voreingenommenheit ist menschlich, sie basiert auf Gesprächen, TV-Sendungen, Reisen, Informationen aus dem Internet und Vermutungen. Aus Vorurteilen werden dann in Windeseile Verallgemeinerungen wie: Russen sind stark und trinkfeste Wodka-Junkies, Engländer sind Snobs und verpassen keine Teezeit, Franzosen sind gute Liebhaber und haben stets ein Baguette unter dem Arm, Italiener sind die besten Köche und mindestens so gut im Bett wie die Franzosen, bei den Polen ist alles in Gefahr, was nicht angeschlossen oder festgeklebt ist, und die schlauen und teetrinkenden Chinesen haben alles an Technik erfunden, was es auf der Welt gibt. Die Deutschen leben übrigens in einer Ellenbogengesellschaft voller Schweinehaxen, Bier und Lederhosen. Zu keinem Treffen erscheinen sie unpünktlich und haben stets ihren Dackel dabei. Sie laufen gestresst und humorlos durch die Welt und sind sich selbst am nächsten.

All diese Vorurteile haben eines gemeinsam: Sie sind Verallgemeinerungen, schnell dahingesagt und dumm, aber eben auch sehr witzig und unterhaltsam. Und genau deshalb bietet es sich an, dieses Buch mit einigen Klischees über die Dänen zu beginnen. Was wirklich dran ist an den Vorurteilen über die Nordlichter, können Sie in 54 weiteren Kapiteln lesen und damit vielleicht Ihre Meinungen und Gedanken zu einem der glücklichsten Länder der Welt neu ordnen.

Ein sich hartnäckig haltendes Gerücht über Dänen sind ihre angeblich mangelhaften Fahrküste. Vor allem Urlauber verzweifeln oftmals, wenn im Auto vor ihnen ein Däne am Steuer sitzt, der sich genau an die Vorschriften hält und im Kreisverkehr lieber drei Minuten länger schaut, ob wirklich frei ist. Deshalb verzichtet man natürlich nicht gleich auf den geliebten Dänemarkurlaub, Nord- und Ostsee und die *røde pølser*, die roten Würstchen in den weltbekannten dänischen Hotdogs, ziehen Touristen einfach magisch an.

Neben einem ausgesprochen guten Geschmack in Sachen Mode und Einrichtung wird den Nordlichtern außerdem ein übermäßiger Alkoholkonsum und die Liebe zum Dosenbier nachgesagt. Etwas, das dagegen die halbe Welt von den Dänen lernen möchte, sind das Glücklichsein und die Gelassenheit: *hygge* eben (mehr dazu in Kapitel 10, S. 55).

Gut zu wissen

Bei allem, was Sie bereits jetzt über die Dänen zu wissen glauben – ein Gerücht lässt sich sogar mit einer Studie untermauern: Die Dänen sind nachweislich eine der glücklichsten Nationen der Welt. Seit vielen Jahren landet Dänemark immer wieder in den Top 3 des »World Happiness Report«. In diesem Bericht wird die Lebenszufriedenheit der verschiedenen Nationen jährlich in Zahlen erfasst. Wichtige Faktoren sind dabei Einkommen, Job, Gesundheit, Familiensituation, Bildungslevel und Wohlbefinden. Mehrere Jahre in Folge waren die Dänen sogar auf dem ersten Rang, derzeit reihen sie sich hinter Finnland und Norwegen ein. Die Dänen machen kein Geheimnis daraus, warum sie so glücklich sind. Im Juli 2020 wurde in der Kopenhagener Innenstadt The Happiness Museum eröffnet. Dort wird den Glücksgefühlen der Dänen auf den Grund gegangen.

DIE BLECHKISTE IST DES DÄNEN LIEBSTES SORGENKIND

2

Autos

Die Dänen haben eine ganz andere Beziehung zu ihren Autos als die Deutschen. Während die Deutschen den eigenen Pkw oft als liebstes Kind, Lebensmittelpunkt, Statussymbol, zeitintensives und teures Hobby, Ersatzfreundin und/oder fast schon als heilig betrachten, sieht der Däne seine Rostlaube eher als Nutzfahrzeug.

Dänemark (DK) hat keine eigenen Automobilhersteller, und die Autos, die aus dem Ausland zur Verfügung stehen, sind unbezahlbar. Bei der Zulassung eines Pkw fallen immens hohe Gebühren an. Je nach Alter und Größe des Autos liegt die Zulassungsgebühr bei

105 bis 150 Prozent vom Nettolistenpreis. Die Mehrwertsteuer beträgt 25 Prozent. Deshalb fahren die meisten Dänen kleine, gebrauchte und eher alte Autos ohne nennenswerte Ausstattung. Wer in Dänemark einen Luxusschlitten fährt, hat also richtig Kohle.

Die Zulassungskosten fallen übrigens auch für Einwanderer an. Wer sein geliebtes Auto mit in die neue Heimat bringen möchte, muss dafür tief in die Tasche greifen. Um die Zahlen noch einmal zu verdeutlichen und für alle, die keine Lust auf Rechenspielchen haben: Wenn man in Dänemark einen Pkw für 10.000 Euro kauft, kommt mindestens die gleiche Summe noch mal als Zulassungsgebühr obendrauf. Auch wenn der Wagen gebraucht und alt ist. Und auch wenn Ihnen das Auto seit Jahren gehört und Sie es nur ins Land bringen wollen, werden Sie Tausende Euro für die Zulassung auf den Tisch legen müssen. Je teurer und luxuriöser der Wagen, desto höher die Zulassungsgebühr. Deshalb kommen die meisten Einwanderer ohne eigenes Auto ins Land und kaufen sich, wie alle Dänen, einen »günstigen« Pkw. Weder modern noch schön, aber fahrtüchtig. Durch die hohen Steuern und Gebühren sollen die Importe und Autoverkäufe in Zaum gehalten werden. Willkommen im Land der Fahrräder!

Wer auf seine Nobelkarosse nicht verzichten will, lässt sein Auto über Dritte in Deutschland zu. Es gibt mittlerweile deutsche GmbHs (vor allem in Grenznähe zu Dänemark), die sich auf die Zulassung teurer

Neuwagen für Kunden aus Dänemark spezialisiert haben. Vor allem die Deutschen in Dänemark wollen nicht auf ihren gewohnten Standard verzichten, diese Marktlücke wurde erkannt. Durch das deutsche Kennzeichen fallen keine weiteren Abgaben an, und die vergleichsweise niedrigere Mehrwertsteuer von 19 Prozent greift. Der Flitzer verweilt dann allerdings auf der deutschen Seite, in Grenznähe. Autofahrer dürfen in Dänemark nämlich nicht einfach einen Pkw mit ausländischem Kennzeichen dauerhaft ins Land bringen und benutzen. Mit der Rostlaube, die die meisten Dänen und notgedrungen auch die meisten Zugezogenen und Auswanderer fahren, geht es also an die deutsche Grenze, und dort wartet dann das heiße Geschoss, das durch ganz Europa fahren darf – nur eben nicht durch Dänemark.

Wer von den Anschaffungs- und Zulassungskosten noch nicht abgeschreckt ist, wird es spätestens von den Parkgebühren in den Innenstädten sein. Ein Tag mit dem Auto in Kopenhagen wird Sie nicht nur Nerven, sondern auch richtig Geld kosten. Mit fünf Euro die Stunde sind Sie locker dabei, wenn Sie überhaupt das Glück haben, einen Parkplatz zu finden. Die wenigen und überteuerten Parkhäuser sind noch die beste Möglichkeit, um das Auto zentrumsnah abzustellen. Parkplätze an den Straßen sind absolute Mangelware, der Staat möchte schließlich so wenig Fahrzeuge wie möglich in der Stadt haben. Dementsprechend wird sehr genau kontrolliert, und glauben Sie mir, Sie wollen den Bußgeldkatalog Dänemarks nicht kennenlernen. Die Knöllchen in Dänemark beginnen nämlich bei 70 Euro pro Vergehen. Sollten Sie auf die glorreiche Idee kommen, den privaten Parkplatz eines Supermarktes zu nutzen, um das Geld fürs Parkhaus zu sparen, werden Sie sogar einen Strafzettel von über 100 Euro berappen dürfen.

Wer schon die Strafen für das Falschparken zu hoch findet, sollte sich nicht mit Alkohol am Steuer erwischen lassen. Wird die Grenze von 0,5 Promille überschritten, kann es je nach Einkommen richtig teuer werden. Für jeden Fahrer wird das Bußgeld nämlich individuell berechnet, indem man sein monatliches Nettoeinkommen mit der Promillezahl multipliziert. Dann mal alle ran an den Taschenrechner ...

Doch es kommt noch schlimmer! Denn die Dänen sind äußerst kreativ, wenn es um die Strafe für Alkohol am Steuer geht. Erreicht man die Grenze von 2,0 Promille, wird das Auto entschädigungslos konfisziert und versteigert, der Gewinn fließt in die dänische Staatskasse. Die spinnen, die Dänen!

Abkassiert wird übrigens auch, wenn Sie ohne Licht fahren. Wie in zwanzig weiteren europäischen Ländern gilt auch in Dänemark: Tag und Nacht Licht an am Pkw. Klingt wie eine Randnotiz, kostet Sie aber etwa 140 Euro, wenn Sie es vergessen und erwischt werden.

Harte Fakten

Im Vergleich zu Deutschland unterscheiden sich die Tempolimits teilweise. Innerorts fährt man auch in Dänemark 50 km/h, außerorts und auf Schnellstraßen darf man jedoch nur 80 km/h fahren, nicht wie in Deutschland 100 km/h. Auf den Autobahnen liegt die Höchstgeschwindigkeit bei 130 km/h, allerdings gilt auf den meisten Abschnitten eine Beschränkung von 110 km/h. Die gleichen Richtlinien gelten für Motorradfahrer und auch für Reisende mit Wohnmobil.

Als Tourist ist man verpflichtet, seinen Bußgeldbescheid zu zahlen, auch wenn der Urlaub vorbei ist. Der Bescheid flattert mit der Post ins Haus und sollte ernst genommen werden. Ignoriert man ihn, droht ein Vollstreckungsverfahren.

Kleine Übersicht der Bußgelder in Dänemark:

- 20 km/h über Tempolimit: ab 135 Euro
- 50 km/h über Tempolimit: ab 300 Euro
- Falschparken: ab 70 Euro
- Handy am Steuer: 200 Euro
- Verstoß gegen Überholverbot: 270 Euro
- Promilleverstoß: Promille mal Nettoeinkommen

IN DÄNEMARK BIST DU NUR EINE NUMMER

3 Identitätsnachweis

Es gibt zwei Dinge in Dänemark, die Einwanderern oder Urlaubern besonders häufig Denkfalten auf die Stirn treiben und wenig Verständnis bei ihnen finden. Zum einen ist da die Tatsache, dass die Nordlichter sehr transparent und nahezu gläsern mit ihren persönlichsten und intimsten Daten umgehen (siehe Kapitel 12, S. 63). Zum anderen ist es völlig normal, dass sich in Dänemark keiner für Ihren Namen interessiert, Sie sind nur eine Nummer.

Direkt nach der Geburt, quasi als erste Amtshandlung, bekommen Neugeborene in Dänemark eine sogenannte CPR-Nummer (CPR = Centrale Person-

Register). Und ebenso ergeht es Ihnen, wenn Sie in Dänemark leben möchten. Ohne diese Nummer können Sie in dem kleinen skandinavischen Land nichts erledigen.

Ob für die digitale Steuererklärung, einen neuen Pass oder Führerschein, einen Handyvertrag, den Fernsehanschluss oder einen Mietvertrag, ob beim Wechsel des Arbeitsplatzes oder bei der medizinischen Behandlung im Krankenhaus, ob sie ein Haus kaufen, ihren Strom bezahlen, einen Kredit aufnehmen oder ihr Kind in der Krippe anmelden möchten – in allen Fällen brauchen die Dänen ihre CPR-Nummer.

Während es in Dänemark kein Problem darstellt, seinen Vor- oder Zunamen so oft zu ändern, wie man möchte (siehe Kapitel 54, S. 237), begleitet die CPR-Nummer die Bürger ein Leben lang.

Diese Identifikationsnummer setzt sich aus zehn Ziffern zusammen, sie beinhaltet das Geburtsdatum der Person (TTMMJJ) und vier weitere fortlaufende Nummern. Die letzte Stelle bezeichnet das Geschlecht: gerade Zahlen für Frauen, ungerade für die Männer.

Mit einer Zugangsberechtigung können nicht nur die Besitzer der Nummer, sondern auch Behörden sensible und persönliche Daten einsehen, die unter der jeweiligen CPR-Nummer gesammelt und hinterlegt werden. Den Dänen ist dies völlig egal, sie befürchten keinen Missbrauch oder Datendiebstahl. Vielmehr sind sie überzeugt, dass viele alltägliche Prozesse und

Abläufe durch die CPR-Nummer deutlich vereinfacht werden.

Dass die Nordlichter keine Angst vor Zahlen haben, beweisen sie auch beim Einkaufen und in Warteräumen bei der Behörde. Letztere Situation dürften die meisten kennen, denn gerade in Rathäusern oder Ämtern, wo Anträge gestellt werden, ist es auch außerhalb Dänemarks üblich, eine Nummer zu ziehen, die die Reihenfolge der Besucher festlegt.

In Dänemark jedoch macht es keinen Unterschied, ob der Kunde in einer großen Behörde auf seinen Termin wartet oder im Bäckerladen steht. Die kleinen Automaten mit Nummernzetteln sind im dänischen Alltag überall präsent. Auch wenn sich nur drei Kunden in der Konditorei befinden, ziehen die Dänen ein Nummernkärtchen und warten, bis die richtige Zahl über ihnen eingeblendet wird. Beim Metzger und in der Apotheke wird es Ihnen ebenso ergehen. Die Dänen lieben Zahlen offensichtlich sehr …

Aber

Manchen mag es albern vorkommen, beim Brötchenkauf eine Nummer zu ziehen, statt einfach in der Reihe zu warten. Allerdings dürfte jeder die nervigen Vordrängler kennen, die in einem vollen Laden ihre Ellenbogen nutzen, um ein paar Plätze in der Warteschlange gutzumachen. »Eigentlich war ich eher da« ist dann ein sehr beliebter Satz.

Oder: »Ich warte aber schon länger.« Was bleibt, sind verärgerte Kunden und genervtes Verkaufspersonal.

Genau dieses Szenario gibt es in Dänemark nicht. Selbst wenn der Laden bis zum Bersten mit wartenden Menschen gefüllt ist, herrscht dank der gezogenen Nummern eine ruhige, gemütliche Atmosphäre. Niemand muss in Reih und Glied stehen. Die Kinder spielen noch etwas in der Kinderecke oder fiebern dem Wechsel der Zahlen auf der Anzeigetafel entgegen, die Erwachsenen unterhalten sich angeregt und müssen sich nicht auf das Weitergehen in der Reihe konzentrieren. Beim Ausrufen der eigenen Nummer gehen die Dänen dann ganz entspannt zum Tresen und tätigen ihre Bestellung. Stressfreier und fairer kann es wohl kaum ablaufen.

UNDSKYLD? – DIE DÄNEN VERSTEHEN KEIN DÄNISCH

4
Sprache

Als Ausländer Dänisch zu lernen ist wirklich hart. Eigentlich sind es zwei verschiedene Sprachen, die erlernt werden müssen: das geschriebene und das gesprochene Dänisch. Das geschriebene Dänisch erinnert bis auf ein paar Sonderzeichen stark an die deutsche Sprache. Die Umlaute Ä, Ö, Ü gibt es in der dänischen Sprache nicht, dafür die drei markanten Sonderzeichen Æ, Ø und Å. Abgesehen vom typisch deutschen ß ist das Alphabet ansonsten gleich.

Die Dänen erzählen gern, dass sie keine eigene Sprache haben, sondern Dänisch eine Mischung aus Deutsch, Englisch und Französisch sei. Irgendwann hätte man aus diesen Sprachen einfach das Beste zusammengeklaut. Für einen Deutschen ist es deshalb nicht sonderlich schwer, dänische Texte zu lesen und zu verstehen, wenn er sich eine Zeitlang mit der dänischen Sprache auseinandergesetzt hat. Die wirklichen Probleme beginnen erst bei der Aussprache, diese hat schon die besten Sprachschüler zur Verzweiflung gebracht.

Die Dänen sagen nicht das, was sie schreiben, sondern sie lassen weg. Mal wird das Wort vorn gekürzt, mal hinten, mal der eine oder andere Buchstabe in der Mitte. Das Wegfallen scheint nur leider keine nachvollziehbaren Regeln zu haben, es bleiben viele Fragezeichen. Hier ein paar Beispiele:

- selbstverständlich = *selvfølgelig* (geschrieben) = sefülli (gesprochen)
- auch = *også* = oss
- Spielplatz = *legepladsen* = leiplässn
- (danke) gleichfalls = *i lige måde* = i li mol

Die Lautschrift für das Dänische umfasst 22 Vokale und Halbvokale, nähere Informationen will ich Ihnen hier deshalb ersparen. Nur weil Ihnen die Übersetzung gelingt und Sie ein Vokalbelfuchs sind, heißt das also noch lange nicht, dass Sie sich auch mit den Dänen verständigen können.

Erschwerend kommt hinzu, dass die Dänen ihre eigene Sprache nur verstehen, wenn die Aussprache perfekt ist. Spricht ein Ausländer gebrochenes Deutsch, erkennt ein Deutscher meist dennoch den Sinn des Satzes und kann die einzelnen Worte durch Logik und kleine Abwandlungen erraten. Der Däne kann das im entsprechenden Fall nicht. Sobald ein Buchstabe im Wort nicht typisch dänisch und korrekt wiedergegeben wird, wird er Sie mit großen, fragenden Augen anschauen. Es ist nicht so, dass die Dänen Sie nicht verstehen oder ärgern wollen – ihr Gehör lässt es einfach nicht zu, über kleine Aussprachefehler hinwegzuhören. Kleinste Abweichungen führen also dazu, dass Ihnen für eine gewisse Zeit die Lust am Dänischlernen vergehen wird. Die Dänen verstehen eben kein Dänisch ...

Praxistipp

Natürlich lernen Sie die dänische Sprache am schnellsten und effektivsten in Dänemark. Der tägliche Kontakt und die Gespräche mit den Einheimischen sind dafür unbezahlbar. Zwar nehmen die Nachfrage und das Interesse an skandinavischen Sprachen in Deutschland zu, weil immer mehr Deutsche ihren Urlaub in den nördlichen Ländern verbringen, doch die Kurse an der Volkshochschule werden selten voll. Dänisch ist nun mal die wirklich anspruchsvolle Sprache eines sehr kleinen Landes. Meistens bleibt Ihnen nur eine Sprach-App oder ein Buch zum Lernen. Logisch, dass Sie es damit noch schwerer haben, die Aussprache zu lernen. Sollten Sie nach Dänemark auswandern wollen, ist es dringend ratsam, die Sprache schnellstmöglich zu lernen, spätestens vor Ort. Die meisten Kommunen übernehmen sogar die Gebühren für die Sprachkurse von Zuwanderern.

Die dänische Sprache ist also aus vielerlei Gründen schwer zu lernen und bringt Sie außerhalb Dänemarks auch nicht wirklich weiter. Ja, die Skandinavier können sich ohne Probleme untereinander verständigen. Die Dänen, Norweger und Schweden sprechen weiter ihre Landessprache und verstehen sich dennoch. Anders ist es als Nicht-Muttersprachler und vor allem als Sprachschüler. Als solcher wird Ihnen dieses Kunststück nämlich nicht so schnell gelingen. Nur weil Sie der dänischen Sprache mächtig sind, können Sie noch lange nicht mit allen Skandinaviern kommunizieren. Ihre Sprachkenntnisse teilen Sie daher nur mit knapp sechs Millionen Dänen, und diese verstehen Sie nur, wenn Sie sich komplett auf ihre Sprache und vor allem die Aussprache einlassen.

Obwohl Dänemark so klein ist, werden drei verschiedene Dialekte gesprochen, und teilweise fällt es sogar den Dänen schwer, sich gegenseitig zu verstehen. Ihr Sprachschuldänisch wird beim Inseldänisch, Festlanddänisch und Ostdänisch nicht selten an seine Grenzen kommen. Jede dieser Dialektgruppen zerfällt übrigens noch einmal in drei Untergruppen. Dänische Sprache, schwere Sprache!

Aber

Die Dänen sprechen weltweit am besten Englisch (als Nicht- Muttersprachler). Für einen Kurztrip oder Urlaub müssen Sie sich die dänische Sprache also nicht aneignen. Vor allem in der Hauptstadt Kopenhagen reicht die englische Sprache zur Verständigung völlig aus. Viele grenznah wohnende Dänen glänzen sogar mit gutem Schuldeutsch. An den typischen Touri-Hotspots sprechen nur noch wenige Angestellte Dänisch, da die meisten aus dem Ausland kommen und sich auf Englisch verständigen.

Die sehr guten Englischkenntnisse der Dänen sind übrigens nicht nur der schulischen Ausbildung zu verdanken. In Dänemark werden zum Beispiel Hollywood-Filme und amerikanische Serien nicht synchronisiert, dafür ist das Land einfach zu klein. Dadurch kommen die Dänen schon in frühester Kindheit mit der englischen Sprache in Berührung.

Wenn Sie dennoch versuchen mit den Einheimischen Dänisch zu sprechen, wird Ihnen das hoch angerechnet. Die Dänen freuen sich über jeden Ausländer, der sich für ihre verrückte Landessprache interessiert, und sie werden Ihnen immer sagen, wie toll Sie die Sprache bereits sprechen.

DIE DÄNEN LASSEN IHRE BABYS IM REGEN STEHEN

5

Kinderbetreuung

Stellen Sie sich vor, Sie sind gerade frischgebackene Eltern, es ist Herbst und Sie wollen gemeinsam auswärts frühstücken gehen. Was machen Sie mit Ihrem Neugeborenen? A) Sie nehmen es in der Babyschale mit zum Frühstück, es schläft ja sowieso die ganze Zeit. B) Sie lassen ihr Kind in einer Stillpause bei den Großeltern und gehen schnell allein. C) Sie legen Ihr Baby in den Kinderwagen, lassen ihn vor dem Frühstücksrestaurant am Fenster stehen und setzen sich ins Warme, um ganz gemütlich zu essen?

Wenn Sie sich für Antwort C entschieden haben, sind Sie vermutlich Däne oder leben in einem skandinavischen Land. In Dänemark ist es völlig selbstverständlich, dass die Babys vor den Restaurants und Cafés in ihren Kinderwagen schlafen, während es sich die Mamis mit ihrer Muttergruppe drinnen gemütlich machen oder die Väter das letzte Fußballspiel in der Vatergruppe auswerten. Und der Mittagsschlaf der Kleinsten wird natürlich auf der Terrasse oder dem Balkon abgehalten, auch im Winter. 90 Prozent der Eltern, die nicht aus Dänemark kommen, werden nun die Hände über dem Kopf zusammenschlagen und das Jugendamt informieren wollen. Posten Sie einen solchen Frischluftvorschlag in Ihrem deutschen Eltern-Forum, wird der Shitstorm gegen Sie und Ihre Überzeugung keine drei Sekunden auf sich warten lassen. Die Dänen dagegen kennen für ihren Nachwuchs keinen besseren Platz für ein kurzes Schläfchen als an der frischen Luft.

Eigens dafür kaufen die Nordlichter bereits vor der Geburt Riesenkinderwagen, die sie bis zum dritten Lebensjahr der Kleinen (die dann nicht mehr ganz so klein sind) zum Mittagsschlaf auf den Balkon oder die Terrasse stellen können. Dass Meeresluft gesund ist, weiß jeder, und in Dänemark ist das Meer immer irgendwo in der Nähe. Es erweist sich sogar als äußerst schwierig, einen Kinderwagen in »normaler« Größe (70 bis 80 cm Liegefläche) zu bekommen – die Dänen schwören auf die Riesenboote (100 cm Liegefläche). Die Wagen sind länger und breiter, so dass diese kaum nebeneinander durch die Einkaufsstraße passen und vor den Cafés mächtig Platz in Anspruch nehmen.

Das dänische Volk lässt seine Babys und Kleinkinder bereits von alters her draußen schlafen, und es scheint nicht zu schaden. Grundidee ist ein gesundes Immunsystem. Natürlich sind die Kleinen dick eingepackt, wenn das kalte und raue dänische Wetter zuschlägt, und natürlich dürfen sie nachts in ihren Babybetten schlafen, die Dänen sind schließlich keine Unmenschen. Auch wenn sich mancher Tourist wohl schon bei diesem Gedanken erwischt hat, wenn er gesehen hat, wie Kleinkinder im Herbst und Winter ohne Mütze bei Windstärke 10 am Meer stehen oder Grundschüler bei 10 Grad mit nassem Haar zur Schule radeln.

Wenn Sie von den schlafenden Babys im Freien noch nicht geschockt genug sind, lassen Sie uns noch einen draufsetzen: Nicht selten kommt es vor, dass die lieben Neugeborenen im Kinderwagen vor dem Restaurant keinen Namen haben. Manchmal dauert es ganze sechs Monate, bis sich die Eltern in Dänemark einen Namen für ihr Baby ausgesucht haben. Sie nutzen dafür nicht etwa die Zeit vor der Geburt, sondern ihr kleiner Schatz ist sechs Monate nach der Niederkunft noch immer namenlos. Wie alle Dänen bekommt der neue Erdenbürger direkt nach der Geburt seine CPR-Nummer (siehe Kapitel 3, S. 22) und ist damit offizielles Mitglied der dänischen Gesellschaft. Wer braucht da schon einen Namen?!

Warum die Eltern so lange mit der Wahl des Namens warten? Weil er dem Kind auf den Leib geschneidert sein soll. Ein kleiner Storm soll aussehen wie ein kleiner Storm, eine Victoria darf nicht nach einer Isabella aussehen und so weiter. Der Name soll perfekt zum Kind passen, und deshalb braucht diese Entscheidung Zeit. Denn die Dänen müssen ihre Neugeborenen dafür erst einmal sehen und kennenlernen. Nicht selten werden potentielle Namen ein paar Tage am lebenden Objekt getestet – nur so kann am Ende die perfekte Entscheidung fallen. Nach den sechs Monaten Schonfrist allerdings werden die Eltern durch Bußgelder mehr oder weniger dazu gezwungen, sich endlich für einen Namen zu entscheiden. Verrückt, verrückter, die Dänen!

Ein Gerücht zum Thema Namensgebung in Dänemark hält sich hartnäckig: Wer nach sechs Monaten keinen Namen für seinen Nachwuchs festgelegt hat, muss das Kind angeblich nach der Königin oder dem Thronfolger benennen. Ja, die Dänen sind verrückt und manchmal spinnen sie auch, aber an diesem Gerücht ist wirklich nichts dran.

Aber

Dänemark gilt als das kinderfreundlichste Land Europas. Während Deutschland im Ranking einen der letzten Plätze belegt, verteidigen die Dänen ihren ersten Platz seit Jahren, und das mit großem Abstand. Im zweitplatzierten Frankreich sind

60 Prozent der Befragten begeistert von der Kinderfreundlichkeit des eigenen Landes, in Dänemark sind es um die 90 Prozent. Entscheidende Kriterien für das Ranking sind die Rolle der Frau und des Mannes innerhalb der Gesellschaft, die hohe Anerkennung der Familie, die verfügbaren Betreuungsplätze und wichtige Kleinigkeiten wie Stillräume in Einkaufszentren, Wartezonen in Supermärkten und Spielecken in Restaurants und Cafés.

DER DÄNISCHE DAVID BESIEGT DEN DEUTSCHEN GOLIATH

6

Fußball

Auch im kleinen Dänemark ist Fußball die Sportart Nummer eins. Allerdings ist die dänische Nationalmannschaft nicht gerade erfolgs- und titelverwöhnt. Umso besser meinte es der Fußballgott bei der Europameisterschaft 1992 in Schweden mit dem Team, als Dänemark ausgerechnet gegen die haushoch favorisierten Deutschen das EM-Finale gewann.

Die Geschichte zu diesem Triumph könnte ein Hollywood-Produzent nicht besser und emotionaler auf die Leinwand bringen. Vieles wurde über die Jahre dazugedichtet, von Fans, von Dänen, von Träumern. So wurde die sowieso schon spektakuläre Geschichte zu einem Mythos, eine wahre Heldengeschichte. Erzählenswert ist sie auf jeden Fall.

Eigentlich war es eine Begegnung zwischen dem dänischen David und dem deutschen Goliath – und eigentlich hätten die Dänen an diesem Tag gar nicht im Finale gestanden.

Aber der Reihe nach: Bei der Qualifikation zur EM hatten die Nordlichter alles andere als geglänzt und durften mit ihrem damaligen Trainer Richard Møller Nielsen gar nicht am Wettbewerb teilnehmen. Spielerisch besser machte es die jugoslawische Nationalmannschaft, sie überstand die Qualifikation, wurde aufgrund des Balkankrieges jedoch disqualifiziert. Damit war der Weg für die Dänen plötzlich frei. Per Telefon musste der dänische Nationaltrainer im Nullkommanix seine Spieler zusammentrommeln. Mit den Worten »Pack die Taschen, wir fahren nach Schweden und spielen die EM« verbreitete sich die Nachricht von einem Spieler zum nächsten. Wie aber so häufig bei der Stillen Post veränderte sich die Message von Station zu Station. »Wir fahren nach Schweden und gewinnen die EM!« kam bei den letzten Spielern an. Ein Kicker nahm den Anruf dementsprechend gar nicht für voll und blieb im Urlaub – wahrscheinlich die dümmste Entscheidung seines Lebens.

Die Dänen kamen also, fast vollzählig, aus ihren Urlaubsdomizilen oder von ihren letzten Ligaspielen nach Schweden gereist und kämpften sich überraschend und glücklich bis ins große Finale. Die Botschaft der Telefonkette sah jedoch den Gewinn des Turniers vor – und so schlug der dänische David den deutschen Goliath im EM-Finale mit 2:0. »*We are red, we are white, we are Danish dynamite!*«

Aber

Nach diesem Fußballwunder blieben weitere große Erfolge der dänischen Nationalmannschaft bis heute aus. Der Fußballbegeisterung der Dänen tut das dennoch keinen Abbruch. Rechnet man die Zuschauerzahl in den kleinen Stadien des Landes hoch, kommt man zu dem Ergebnis, dass in Dänemark prozentual gesehen sogar mehr Menschen zum Fußball gehen als in Deutschland. Durch die geringe Größe und Einwohnerzahl des Landes ist dies allerdings schwer zu erahnen.

Gut zu wissen

Der dänische Fußballklub Brøndby IF hat einen legalen Bengalo entwickelt. Dieses bengalische Feuer ist rauchfrei, und seine Flammen sind deutlich ungefährlicher als die illegalen Standard-Bengalos in Fußballstadien. Die ungefährlichen und legalen Bengalos der Zukunft werden derzeit in China produziert. Selbst bei Kontakt mit der Kleidung soll es nicht zu gefährlichen Situationen kommen und bei Berührung mit der Haut nicht zu Verbrennungen. Die Lichter brennen mit drei Viertel der Lichtstärke eines herkömmlichen, illegalen Bengalos. Ob und wie die Fußballfans weltweit diese Neuerung annehmen, wird sich zeigen. Der deutsche Bundesligist Werder Bremen zeigte bereits Interesse an den gefahrlosen Bengalos, war aber nach einigen Tests noch nicht überzeugt. Ganz harmlos sind die Bengalos bislang wohl nicht. Es kann also dauern, bis in den Fußballstadien der Welt legale und ungefährliche bengalische Feuer eingesetzt werden.

LEG DICH NIEMALS MIT EINEM DÄNISCHEN BIKER AN!

7
Fahrradfahren

In den deutschen Großstädten ist ein wahrer Fahrradboom ausgebrochen. Immer mehr junge Menschen schwingen sich wieder auf den Drahtesel, um Staus, Zugausfällen und dem Baustellenchaos auf deutschen Straßen zu entkommen. Diesen Radlern fällt es vermutlich am meisten auf, wie wichtig gut ausgebaute Radwege sind. Jedoch dürfte Deutschland dabei größeren Nachholbedarf haben, zumindest im direkten Vergleich mit anderen europäischen Ländern. Neben den Niederlanden ist Dänemark das fahrradfreundlichste Land der EU. Und trotzdem wären Sie mit Ihrem Drahtesel auf Kopenhagens Straßen hoffnungslos verloren – und vermutlich sogar in großer Gefahr.

Denn auf den dänischen Straßen scheinen die Biker den Ton anzugeben. In kaum einem anderen Land sind die Fahrradwege derart vorbildlich ausgebaut. Die schiere Menge der Bikes macht den täglichen Verkehr dennoch zu einem Spießrutenlauf. Neun von zehn Dänen besitzen ein Fahrrad, aber nur jeder vierte ein Auto. Pro Jahr werden in Dänemark etwa 500.000 Fahrräder gekauft, bei einer Einwohnerzahl von 5,6 Millionen Menschen. In Deutschland sind es trotz stetigem Anstieg nur 4,18 Millionen neu gekaufte Fahrräder, bei über 82 Millionen Einwohnern. Von den 500.000 gekauften Bikes in Dänemark werden allerdings auch jedes Jahr 60.000 wieder gestohlen.

Das reicht Ihnen noch nicht, um das innige Verhältnis der Dänen zu ihren Drahteseln zu glauben? Vielleicht überzeugt Sie die Zahl von 373 Millionen Euro. So viel hat das kleine nördliche Land nämlich seit 2009 in Fahrradprojekte investiert. Denn laut der dänischen Netzwerkorganisation Cycling Embassy of Denmark, die sich der Förderung des Radverkehrs verschrieben hat, steigen auch die Berufspendler aufs Bike. 24 Prozent aller Berufspendler-Fahrten finden auf zwei Rädern statt. Durchschnittlich legt damit jeder Däne 1,5 Kilometer am Tag auf dem Rad zurück.

Viele Regeln im Straßenverkehr ähneln den deutschen Gesetzen für Radfahrer. Gefordert sind

Reflektoren und Licht, eine Helmpflicht gibt es nicht, und auch in Dänemark besteht ein Handyverbot während der Fahrt. Anderes wiederum ist für Touristen gewöhnungsbedürftig. Eine wirklich wichtige Regel, die bei Nichtbeachtung zu schlimmen Unfällen führen kann, ist das Handzeichen bei der Bremsung. Wer als Radfahrer in Dänemark anhalten möchte, muss dies durch eine nach oben gestreckte Hand signalisieren. Wenn Sie dies an einem regnerischen Tag in einer Seitenstraße von Aarhus vergessen, mögen Sie unfallfrei davonkommen. Passiert es Ihnen allerdings im Feierabendverkehr von Kopenhagen bei strahlendem Sonnenschein, könnten Hunderte Radfahrer hinter Ihnen aus der Haut fahren – oder in Sie hineinfahren. Wer den Fahrradverkehr in der dänischen Hauptstadt noch nie zu Stoßzeiten erlebt hat, macht sich keine Vorstellung davon, wie wichtig intelligentes und rücksichtsvolles Fahrradfahren ist.

Um das Chaos perfekt zu machen, dürfen in Dänemark übrigens auch Motorroller auf dem Radweg fahren. Sie dürften nicht der erste Radfahrer sein der zu Tode erschreckt, wenn der Pizzabote laut knatternd mit seinem Roller auf dem Radweg an Ihnen vorbeizieht.

Auch für Autofahrer ist der Fahrradverkehr eine echte Herausforderung. Parallel neben dem Radweg verläuft üblicherweise der Fußweg. Wer sich also zum

Abbiegen bereit macht, muss nicht nur die anderen Autos, sondern auch die unzähligen Radfahrer im Blick haben, außerdem die Rollerfahrer auf dem Radweg und nicht zu vergessen die Fußgänger auf dem Gehweg. Die Biker gehen davon aus, dass Sie all diese Dinge im Griff haben, sie fahren nicht immer zurückhaltend oder bremsbereit. Mittlerweile kommen noch die E-Scooter dazu, die ebenfalls die Radwege benutzen. Hunderte Unfälle passieren allein im Zusammenhang mit diesen relativ neuen Verkehrsteilnehmern.

Bevor Sie sich in einer fremden Großstadt ohne Parkplätze (siehe Kapitel 2, S. 17) hinters Steuer setzen, sollten Sie sich also überlegen, eines der zahlreichen Mietfahrräder zu nutzen, die Sie an jeder Ecke ausleihen können. Für die Dänen ist das Radeln selbstverständlich und ein Hochgenuss. Beobachten Sie einmal die Radler in Dänemark, ihr entspanntes Lächeln auf dem Rad ist ansteckend, sogar im Winter oder bei Regen. Kein Vergleich zu den Gesichtern der Deutschen im überhitzten Auto, im dritten Stau auf der A9 oder A10 auf dem täglichen Nachhauseweg von der Arbeit. Die Dänen sparen sich diesen Garanten für schlechte Laune und radeln zur Arbeit. Damit sind sie dann meist sogar schneller am Ziel. Wahrscheinlich steigen auch deshalb immer mehr Deutsche aufs Fahrrad. Das Leben ist einfach viel zu kurz, um im Stau zu stehen.

Aber

Es dürfte nicht überraschend sein, dass es in der dänischen Hauptstadt Kopenhagen mittlerweile mehr Fahrräder als Autos gibt. Auf 265.700 Fahrräder kommen nur noch 252.600 Autos im Straßenverkehr. Bis 2025 soll die Stadt sogar CO_2-neutral sein. Die Dänen sind damit absolute Vorreiter in der weltweiten Klimapolitik. In großen Städten setzen sie auf öffentliche Verkehrsmittel und Fahrräder. Langfristig sollen Pkw komplett aus den Städten verbannt werden.

IN DÄNEMARK IST KRITISIEREN SILBER UND SCHWEIGEN GOLD

8

Arbeitswelt

Die Dänen duzen alles und jeden (siehe Kapitel 17, S. 83). Dadurch entsteht ein extrem lockerer Umgang mit dem Gegenüber. Schon im Privatleben ist dies für viele Nicht-Dänen unvorstellbar und ein absolutes No-Go. Umso schockierender dürfte für diese Menschen sein, dass in Dänemark auch die Vorgesetzten als Sören, Birgitte, Bo, Sven, Dorte oder Troels angesprochen werden. Kein Sie, kein Nachname, sag einfach Sören! Auch akademische Titel werden niemals genannt.

Abgesehen von dieser Tatsache ist das Verhältnis zwischen Vorgesetzten und Angestellten generell ein völlig anderes als in den meisten Ländern. Die Dänen sind bekannt für informelle Umgangsformen, kurze Entscheidungswege und flache disziplinarische Strukturen. Dies klingt erst einmal nach einem Paradies für Arbeitnehmer. Getreu dem Motto »Alle sind gleich« soll in der Firma zwischen allen Angestellten und Führungskräften ein Umgang auf Augenhöhe stattfinden, sodass man glatt vergessen könnte, wer eigentlich Chef ist.

Was den Dänen völlig normal erscheint, ist für ausländische Angestellte allerdings eine Mammutaufgabe. Wer eine klare Struktur und Hierarchien gewohnt ist und feste Regeln statt ungeschriebener Gesetze bevorzugt, wird so nicht arbeiten können – erst recht nicht, wenn er oder sie eine leitende Aufgabe übernimmt. Denn Alleingänge und Entscheidungen ohne die Absprache mit den Angestellten sind nicht erwünscht. Der Chef trägt zwar die Verantwortung für seine Entscheidungen, mitreden wollen trotzdem alle. Alles wird bis ins Kleinste ausdiskutiert, nichts ist schöner als Meetings, und niemand tritt sich dabei gegenseitig auf den Schlips. Sicher ist dies ein angenehmes Modell, wenn Sie harmoniebedürftig und bereit sind, einer von vielen zu sein. Die Konfliktscheue der Dänen ist nämlich ebenfalls kein Geheimnis. Ein Wutausbruch oder das Erheben der Stimme vor allen Angestellten? Undenkbar! Bevor Sie Ihrem Kollegen die Meinung zu seiner schlechten Arbeit sagen, gehen Sie ihm lieber aus dem Weg, Probleme werden weggeschwiegen. Auch Ihr Vorgesetzter wird Sie nicht auf Ihre beruflichen Fehltritte ansprechen, was aber nicht heißt, dass er diese nicht bemerkt und bereits mit anderen diskutiert.

Wer es schafft, sich an dieses Modell der flachen Hierarchien zu gewöhnen, wird im Laufe der Zeit unter dem entgegengebrachten Vertrauen aufblühen. Statt auf ständigen Wettbewerb setzen die Dänen auf Kooperation. Mehr Eigenverantwortung führt außerdem zu mehr Selbstbewusstsein und Sicherheit. Die Angst vor Fehlern wird geringer, wenn Sie nicht bei jeder Kleinigkeit vor den anderen Mitarbeitern bloßgestellt werden. Stattdessen gibt es viele Gespräche am Arbeitsplatz und ausufernde Weihnachtsfeiern, bei denen alle Abteilungen zusammen feiern. Die jeweiligen Chefs sind dann natürlich auch unter den trinkwütigen Angestellten ...

Gut zu wissen

Wer sich in seinem Job wohlfühlt, ist auch als Privatperson ein ausgeglichenerer Mensch. Wer sollte das besser wissen als die Dänen, die schließlich zu den glücklichsten Völkchen der Welt gehören. In Dänemark ist eine 37-Stunden-Woche normal, darüber hinaus machen die Nordlichter keine Überstunden am Schreibtisch. Was in manchen Ländern mittlerweile als Trendsportart gilt, ist in Skandinavien verpönt. Der Feierabend gehört der Familie, und ein Feierabend um 15 Uhr ist schöner als um 19 Uhr, so einfach ist das. Gibt es einen besonderen Grund, das Büro eher zu verlassen, dann machen die Dänen das. Ohne Entschuldigung, ohne schlechtes Gewissen, und keiner wird deshalb schief angeschaut. Die Dänen sind flexibel und verständnisvoll, wenn es um die Familie geht. Dabei werden auch kaum Unterschiede zwischen den Vorgesetzen und den Angestellten gemacht. Es dürfte nicht sonderlich überraschend sein, dass auch viele Führungskräfte eine Familie haben, die zu Hause auf Mama oder Papa wartet. Und wenn die Angestellten vor dem Boss nach Hause gehen, haben sie dabei kein schlechtes Gewissen oder schleichen auf Socken aus dem Büro.

Dennoch wird natürlich zum Wohle der Firma gehandelt. Sollte die Regelarbeitszeit wirklich nicht ausreichen, werden die Überstunden am Abend zu Hause erledigt, wenn die Kinder im Bett sind. Die Work-Life-Balance wird hier äußerst ernst genommen (damit belegte Dänemark schon mehrfach einen der ersten Plätze im weltweiten Vergleich), und die Familie steht ganz klar vor der Arbeit. Der Nachmittag gehört den Kindern oder dem Ehepartner, nebenbei Mails beantworten ist undenkbar.

Auch der Staat unterstützt seine Bürger dabei, das Familienleben und die Arbeit unter einen Hut zu bekommen. Die soziale Infrastruktur ist bestens ausgebaut, dank ausreichender Betreuungsmöglichkeiten können beide Elternteile Vollzeit arbeiten gehen. Dass die meisten Dänen glücklich sind bei der Arbeit, hängt vor allem mit dem entgegengebrachten Vertrauen und den Freiheiten zusammen, die sie genießen. Wer um 13 Uhr mit dem Kind zum Kinderarzt muss, geht an diesem Tag eher und holt die Arbeit an einem anderen Tag nach. Auch die Kollegen werden Sie nicht mit schiefen Blicken strafen, wenn Sie das Büro eher verlassen. Alle vertrauen darauf, dass Sie Ihre Arbeit gut machen – wann, bleibt Ihnen überlassen.

DIE DÄNEN WERDEN IMMER DÜMMER

9
Bildung

Eine Studie des früheren IQ-Forschers James Flynn zeigt, dass die Intelligenz der Dänen kontinuierlich sinkt. Seit den 50er-Jahren stieg der IQ der Skandinavier stetig an, 1995 kam es dann zum Wendepunkt. Seitdem geht es jedes Jahr um durchschnittlich 0,21 Punkte bergab. Damit werden mit jeder Generation 6,5 IQ-Punkte eingebüßt. Laut der Studie geht in den Schulen und im Arbeitsleben sowohl das rationale als auch das abstrakte Denken immer mehr verloren. Die schulischen Anforderungen sinken außerdem.

Harte Fakten

Nicht nur Dänemark, sondern ganz Europa verliert seit Jahren an Intelligenz. Wissenschaftler suchen nun nach den Ursachen und wollen mit neuen Zahlen den Rückgang belegen. Hier ein kleiner Überblick einer britischen Studie zum derzeitigen Durchschnitts-IQ verschiedener Nationen:

Deutschland: 107, Niederlande: 107, Polen: 106, Schweden: 104, Italien: 102, Österreich: 101, Schweiz: 101, Dänemark: 99, Irland: 97, Griechenland: 95, Frankreich: 94, Türkei: 90, Serbien: 89

Seit es IQ-Tests gibt, ging es für die europäischen Länder mit der durchschnittlichen Intelligenz immer nur steil bergauf. So lag der Leistungsanstieg jahrzehntelang bei 0,3 Prozent pro Jahr. Wie schnell der IQ derzeit pro Jahr sinkt, wird wissenschaftlich noch ermittelt, ebenso die Gründe dafür. Die erste Vermutung zu Ursachen ist aber bei allen genannten Ländern gleich: Immer mehr unterdurchschnittlich intelligente Menschen bekommen Kinder, gut gebildete Paare dagegen bleiben kinderlos oder bekommen im Vergleich weniger Kinder als schlechter situierte und weniger gebildete Menschen.

Auch beim Schulsystem machen die Dänen ihr eigenes Ding. Als eines von wenigen Ländern in Europa hat Dänemark keine Schulpflicht. Eine Unterrichtspflicht gibt es allerdings schon. Die Kinder dürfen zu Hause unterrichtet werden – ein Angebot, das jedoch nur ein

Prozent der Nordlichter in Anspruch nimmt. Ab dem sechsten oder siebten Lebensjahr müssen alle dänischen Kinder neun Jahre lang unterrichtet werden. In der *Folkeskole*, der Volksschule, werden die Klassen in dieser Zeit nicht getrennt.

Alle Lehrer an der *Folkeskole* haben eine vierjährige Lehrerausbildung und können sämtliche Klassenstufen von 1 bis 10 unterrichten. Der Unterricht besteht in den ersten acht Schuljahren aus Pflichtfächern, in den höheren Klassen kommen Wahlfächer hinzu. Zu den Pflichtfächern gehören Dänisch, Englisch, Deutsch oder Französisch, Religion, Geschichte, Gesellschaftskunde, Sport, Musik, Kunst, Werken und Hauswirtschaft, Mathematik, Natur/Technik, Erdkunde und Biologie, Physik und Chemie. Doch auch Themen wie Wirtschaftslehre, Gesundheits- und Sexualkundeunterricht, Familienkunde, Ausbildungs-, Erwerbs- und Arbeitsmarktorientierung, IT und internationale Aspekte sollen in die verschiedenen Unterrichtsfächer mit eingebunden werden. Ab der 8. Klasse können die Schulkinder zwischen verschiedenen Fächern wie Medien, Kunst, Spanisch oder Informationstechnologie wählen oder diese abwählen.

Die *Folkeskole* wird mit einer Prüfung am Ende der 9. Klasse abgeschlossen (vergleichbar unserem Hauptschulabschluss), oder die Schüler legen nach der 10. Klasse eine erweiterte Abschlussprüfung ab und haben so ihren Realschulabschluss in der Tasche. Vor dem 9. Schuljahr gibt es keinerlei Examen oder Prüfungen, Schulnoten werden generell erst ab der 8. Klasse vergeben. Benotet wird von -3 bis 12 Punkte. Mit -3 oder 0 haben die Schüler nicht bestanden, dies ist erst ab 2 Punkten der Fall. 12 Punkte wären eine 1+ im deutschen Notensystem.

12 Prozent der dänischen Kinder besuchen eine Privatschule, für diese bezahlen die Eltern monatlich oder jährlich. Privatschulen haben in Dänemark eine fast 200-jährige Tradition. Die Unterrichtsinhalte orientieren sich an der *Folkeskole*. Allerdings ist der Unterricht an verschiedenen philosophischen und ideologischen Grundprinzipien ausgerichtet.

Ein weiteres Schulmodell sind die *Efterskoler* (»Nachschulen«). Diese Kostschulen bzw. Internate für Schüler der 8. bis 10. Klasse bieten mehr Aktivitäten wie Sport, Musik, Kunst und Handwerk an. Sie werden staatlich und privat finanziert.

Um nach dem Abschluss der 10. Klasse ihr Abitur machen und danach studieren zu können, besuchen die meisten jungen Dänen die weiterführenden Schulen. Zur Auswahl stehen das Gymnasium, das Handelsgymnasium und das technische Gymnasium. Diese Gymnasien sind mit denen in Deutschland vergleichbar und enden mit dem dänischen Abitur. Der Besuch des Gymnasiums dauert drei Jahre.

Bereits ab dem ersten Schuljahr ist es den Dänen wichtig, ihrem Nachwuchs zu zeigen, dass alle gleich sind. Durch individuelle Lehrpläne wird auf jeden einzelnen Schüler geachtet. So soll verhindert werden, dass ein Teil der Klasse nur mitläuft oder übersehen wird. Alle sollen dieselben Lehrbedingungen und angepasste Unterstützung erhalten. Wenn jemand leistungsmäßig nicht nachkommt, wird auf den Schüler gewartet, nur die gesamte Gruppe kommt voran. Durchschnittlich befinden sich 20 Schüler in einem Klassenverbund, mehr als 28 sind rechtlich verboten.

Gut zu wissen

Die Dänen können über das Wort Studiengebühr nur den Kopf schütteln. Hier wird man nämlich sogar fürs Lernen bezahlt: Auszubildende und Studierende erhalten während ihres Bildungswegs finanzielle Unterstützung vom Staat. So beziehen Studenten ein monatliches Einkommen, vergleichbar mit dem deutschen BAföG. Einziger Unterschied: Die Dänen müssen das Geld nicht zurückzahlen. Das SU (*Statens Uddannelsesstøtte*), wie die staatliche Unterstützung genannt wird, kann zwischen 120 und fast 800 Euro monatlich ausfallen. Die Höhe richtet sich nach den Lebensumständen der Studierenden, ob sie beispielsweise noch bei den Eltern leben. Durch das SU soll vermieden werden, dass es zu sozialen Ungerechtigkeiten kommt. Jeder junge Däne soll die Chance auf eine gute Ausbildung erhalten.

Auch Studenten aus dem EU-Ausland können während eines Studiums in Dänemark von dem

SU profitieren. Dabei sind zwar einige Regeln zu beachten (zum Beispiel ein Vollzeitstudium in Dänemark und keine finanzielle Unterstützung vom Heimatstaat), grundsätzlich gilt aber: Die EU hat verordnet, dass Studenten aus anderen EU-Ländern einen Antrag auf Gleichstellung stellen dürfen und somit ebenfalls in den Genuss der Ausbildungsförderung in Dänemark kommen.

DIE DÄNEN SIND DIE LANGSAMSTEN HANDWERKER DER WELT

10

Arbeitsmentalität

Stellen Sie sich vor, an einem Freitagabend im Winter fällt Ihre Heizung aus oder aus Ihrer Dusche fließt nur noch kaltes Wasser. Kein Problem, denken Sie, Sie können doch einen Handwerker bestellen. Sicher können Sie das, am Montagmorgen bekommen Sie wahrscheinlich sogar einen. An einem Freitagabend dagegen oder am Wochenende könnten Sie damit scheitern. Das Wochenende ist für die Familie da, und wenn Ihr dänischer Handwerker nicht gerade zufällig zu einem Notfallservice gehört, werden Sie ihn am Wochenende nicht erreichen. Deshalb eine Diskussion anzufangen, ist sinnlos und mühsam. Was kann schon so dringend sein, dass es nicht bis zum Montagmorgen warten kann?

Ähnliches können Sie mit dem bestellten Maler erleben, der Ihren Gartenzaun streichen soll. Normalerweise erscheint dieser zwar termingerecht, braucht für die Fertigstellung seiner Arbeit allerdings deutlich länger, als Sie sich das im Vorfeld ausgemalt hatten. Wenn die letzten beiden Zaunlatten am Ende des Arbeitstages noch nicht gestrichen sind, kommt der Malermeister am nächsten Tag wieder. Überstunden werden in Dänemark nicht so schnell gemacht. Warum auch – was kann schon so dringend sein, dass es nicht bis zum nächsten Tag warten kann?

Im Improvisieren und Nachfragen sind die dänischen Handwerker dagegen Weltmeister. Wenn Sie einen Klempner für Ihren kaputten Wasserhahn ins Haus bestellen, analysiert dieser Handwerker, der vermutlich kein ausgebildeter Klempner ist, das Problem erst mal ganz in Ruhe. Ist er sich bei der Lösung nicht sicher, telefoniert er munter mit seinen Chefs oder Kollegen und bittet um deren Meinung und Hilfe. Das passende Ersatzteil hat er dann leider auch nicht in seinem Auto und verabschiedet sich deshalb nach nicht getaner Arbeit für zwei weitere Tage, bis es zur Verfügung steht. Sicher werden Sie das überleben. Was kann schon so dringend sein, dass es nicht noch zwei Tage warten kann?

Bemerkenswert ist der lockere Umgang mit dänischen Handwerkern. Diese kommen durch die nicht verschlossene Eingangstür und klopfen am Wohnzimmer, wenn Sie da sind. Die Dänen haben zwar Klingeln, benutzen will diese aber niemand. Ein lautes Klopfen an der Tür reicht völlig aus. Außerdem stehen die Dänen nicht am Fenster, um zuzusehen, wie lange der Malermeister für den Gartenzaun braucht, dafür sind sie viel zu entspannt. Hauptsache, die Arbeit ist am Ende getan.

Die Handwerker in Dänemark sind übrigens keinesfalls qualitativ schlecht, sie sind einfach nur sehr *hygge*, wie ihre Landsleute. Gerade in Deutschland ist der *Hygge*-Trend nicht aufzuhalten: Alle wollen so entspannt sein wie die Dänen, wollen das Leben genießen und ihre Wohnungen *hygge* einrichten. Allerdings möchte keiner die *hyggeligen* Handwerker der Dänen.

Gut zu wissen

Was ist eigentlich *hygge*? Das dänische Wort lässt sich nicht eins zu eins ins Deutsche übersetzten. *Hygge* steht für Herzenswärme, dafür, die Welt um sich zu vergessen und sich auf das Zusammensein zu besinnen. Ein Grillabend mit Freunden, ein Strandspaziergang mit dem Hund oder ein Picknick mit der Familie, das alles ist *hygge*. Wenn ein Däne sagt: »*Det var hyggeligt*«, dann hat er die Zeit und das Erlebte mit Ihnen genossen, sich wohlgefühlt und entspannt. *Hygge* steht also auch für Entschleunigung und die Zwischenmenschlichkeit. Gestresste Dänen werden Sie kaum finden.

Die Nordlichter wissen also, wie man entspannt genießt, Zeit mit der Familie verbringt und alles etwas ruhiger angeht. Diese Lebenseinstellung spiegelt sich nicht nur im Privatleben wider, sondern auch im Beruf und jeder anderen Lebenslage. Wenn es am Flughafenausgang einen Fast Track gibt, stehen die Dänen drauf und quatschen. Wenn sich beim Abholen der Kinder aus der Kita ein Gespräch ergibt oder der Nachbar am Gartenzaun steht, gehen die Nordlichter niemals einfach weiter. Sie bleiben stehen, nehmen sich die Zeit und verspüren weder Eile noch Stress. Dieses *Hygge*-Phänomen steckt schnell an. Selbst die immer gehetzten Deutschen haben Gefallen an der entspannten Lebenseinstellung ihrer Nachbarn gefunden. Ob sie sie umsetzen können, ist dagegen fraglich.

Aber

Zurück zu den langsamen Handwerkern. In Dänemark herrscht seit einigen Jahren ein regelrechter Bauboom. Von diesem profitieren nicht nur die einheimischen Handwerker, sondern auch deutsche Facharbeiter. Da die dänischen Handwerker für die Auftragslage mittlerweile nicht mehr ausreichen, werden immer häufiger auch deutsche Firmen in Dänemark beauftragt. Dazu kommt, dass die deutschen Fachkräfte in Dänemark besonders beliebt sind und einen ausgezeichneten Ruf haben, weil sie als schneller und kompetenter gelten als ihre dänischen Kollegen. Sie sind oftmals besser spezialisiert, müssen für die Lösung des Problems also nicht erst bei einem Kollegen anrufen.

DIE DÄNEN SIND SCHÖNER ALS DU!

11
Attraktivität

Egal, wie schön Sie sind, der Däne neben Ihnen ist vermutlich immer etwas schöner. Natürlich liegt das Aussehen immer im Auge des Betrachters, aber eine Vielzahl von Menschen findet die blonden, blauäugigen, großen und schlanken Dänen und Däninnen besonders schön. Während unsereins noch mit Make-up vorm Spiegel steht und versucht, das Beste aus sich herauszuholen oder das Schlimmste zu verhindern, sitzen die lebensfrohen Dänen schon lächelnd, ungeschminkt und mit nassem Haar auf ihren Fahrrädern und strahlen dabei eine unfassbar natürliche Schönheit aus. Der Fahrtwind gibt der

Frisur den letzten Schliff und sorgt für rosa Wangen, ganz ohne Rouge.

Blonde Haare und blaue Augen sind durch eine Genmutation entstanden und gelten als besonders attraktiv und schön. Nur zwei Prozent der Weltbevölkerung haben von Natur aus blondes Haar, damit sind sie etwas Besonderes und wahrscheinlich gerade deshalb in den Augen vieler Menschen höchst attraktiv. Bei den Dänen dürfen sich ganze 60 Prozent der Männer und Frauen über einen blonden Haarschopf freuen. Blaue Augen sind ebenfalls bei knapp 60 Prozent der Nordlichter zu finden. Für viele andere Nationen sind die Dänen damit überdurchschnittlich attraktiv.

Auch die Körpergröße spielt für viele Menschen eine wichtige Rolle, wenn es um Attraktivität geht. Große Männer vermitteln das Gefühl von Sicherheit, große Frauen haben häufig lange Beine. In diesem Bereich gehen die Dänen tatsächlich aufrechter als viele andere Europäer durchs Leben. Mit einer Durchschnittsgröße von 1,81 Meter und einem durchschnittlichen BMI von 26,3 sichern sich die dänischen Männer Platz drei im Ranking der Körpergröße. Ebenfalls auf diesem Rang reiht sich die dänische Damenwelt mit einer Durchschnittsgröße von 1,68 Meter ein. Mit einem durchschnittlichen BMI von 24,6, dem geringsten in Europa, liegen die Nordlichter auch deutlich häufiger im Bereich der Modelmaße als andere EU-Nationen.

Da kann man schon mal neidisch Richtung Norden schielen. Und als ob das nicht genug wäre, kommen auch noch die attraktivsten Männer der Welt aus dem kleinen nordischen Land. Bei Umfragen schaffen es die Dänen regelmäßig in die Top 10 der attraktivsten Menschen, während Deutsche dort nicht zu finden sind. Berühmte Schönheiten aus dem kleinen skandinavischen Land sind zum Beispiel die Schauspieler Mads Mikkelsen und Nikolaj Coster-Waldau, das Model Nadja Bender oder die Schauspielerin Inez Bjørg David, die hauptsächlich über die deutschen Bildschirme flackert.

Aber was bringen das schönste Aussehen und der tollste Körper, wenn der Modegeschmack zu wünschen übriglässt? Alles können sie doch nicht können, die Dänen. Leider muss ich Ihnen sagen: Sie können. Die halbe Welt kopiert die stilbewussten Dänen in Sachen Mode, skandinavische Labels werden in der Modebranche immer beliebter, und auch der Durchschnittsdäne legt großen Wert auf seine äußere Verpackung. Die dänische Mode steht für coole, praktische und internationale Kleidung. In Kopenhagen können Einwohner und Besucher nicht nur shoppen, bis der Geldbeutel blutet, dort findet auch jedes Jahr die Copenhagen Fashion Week statt. Neidlos muss man anerkennen, dass die Dänen nicht nur durch natürliche Schönheit glänzen, sondern auch modisch ganz weit vorne sind.

Gut zu wissen

Da die Winter in Dänemark besonders lang und dunkel sein können, ist den Dänen die Einrichtung ihrer vier Wände besonders wichtig. Ebenso wie bei der Wahl ihrer Garderobe haben die Nordlichter auch bei der Inneneinrichtung und Deko guten Geschmack einfach im Blut. Nicht nur die Lebenseinstellung der Dänen ist *hygge*, sondern auch die Einrichtung und das damit verbundene Wohn- und Wohlgefühl. Eine solche Wohlfühl-Oase wollen längst nicht mehr nur die Skandinavier erleben. Der *Hygge*-Wohntrend erobert Europa und lässt sich wie folgt umsetzen: indirektes Licht, eine eher minimalistische Ausstattung und Möbel mit Charakter. Dänische Wohnungen sind nicht vollgestellt, es bleibt viel Raum und Platz zum Atmen. Die wenigen Gegenstände und Möbel, die es gibt, erzählen dafür eine Geschichte, sind hochwertig und von emotional großer Bedeutung. Besonders dänische Designerstücke haben es den Nordlichtern angetan, auch eine Schwäche für extrem teure Lampen lässt sich nicht verleugnen. Ein Kamin oder viele Kerzen runden das Wohnerlebnis ab. Wer aufgrund des unfreundlichen Wetters so viel Zeit im Jahr in den eigenen vier Wänden verbringt, möchte es dort natürlich schön, edel und vor allem gemütlich haben.

DIE DÄNEN LEBEN BARGELDLOS UND GLÄSERN

12
Kartenzahlung

Die Dänen machen sich kaum Gedanken um Datenskandale, Datenmissbrauch oder die Tatsache, dass sie gläserne Konsumenten sind, weil sie sogar ihren Hotdog mit der Karte bezahlen, statt zum Bargeld zu greifen. Ohne ihre geliebte *Dankort* wären die Nordlichter verloren. Diese Bankkarte wird bei nahezu jedem Einkauf eingesetzt, und sei er noch so klein. Natürlich funktioniert die Debitkarte auch kontaktlos. Obwohl die Nordlichter ihre Währung, die dänische Krone, lieben und dieser bei einer Volksabstimmung im Jahr 2000 den Vorzug gegenüber dem Euro gaben, nutzen sie im Alltag weder das Hartgeld noch die

Scheine. Die Dänen bezahlen mit Plastik, die *Dankort* ist dabei nur eine Form ihres digitalen Umgangs mit Geld.

Harte Fakten

Auch das Parken auf öffentlichen Parkplätzen oder in Parkhäusern läuft in Dänemark digital ab. Einen Parkschein ziehen und diesen ins Auto legen? Undenkbar. Parkautomaten gibt es nur noch so selten, dass einzig und allein eine der vielen Park-Apps Sinn macht. Möchten Sie sich darauf nicht einlassen, können Sie stundenlang vergeblich nach einem Automaten suchen. Die Park-Apps greifen auf Ihr Bankkonto zu, finden per GPS Ihren Standort und damit die Parkzone, in der sich Ihr Auto befindet. Sie rechnen genau die Zeit ab, die der Halter geparkt hat. So können Sie Ihre Parkzeit beliebig verlängern oder verkürzen, ohne vor Ort am Auto zu sein. Dafür muss allerdings auch das Kennzeichen des Wagens angegeben werden – Datensicherheit und Anonymität ade.

Auch wenn die Dänen Mitglied der Europäischen Union sind, haben sich über die Hälfte der Nordlichter gegen den Euro entschieden. Die geliebte dänische Krone liegt bei den meisten allerdings nur auf der Bank, während sie im Geldbeutel die Geldkarte bei sich haben, das beliebteste Zahlungsmittel in Dänemark. Dabei greifen die Skandinavier nicht nur bei teuren Einkäufen zur Karte, selbst der Crêpe am Straßenrand, die Kaugummis an der Tankstelle oder die Kugel Eis werden so bezahlt. Alle Händler, Buden und Stände sind technisch entsprechend ausgestattet, einen Mindestbetrag für die Kartennutzung gibt es nicht.

Die *Dankort* ist also das Zahlungsmittel schlechthin in Dänemark, doch noch längst nicht die Spitze des digitalen Eisberges. Durch die App »Mobile Pay« sind die Dänen noch gläserner als zuvor. Der Bezahlvorgang könnte einfacher nicht sein: Die App auf dem Smartphone ist mit dem eigenen Bankkonto verknüpft und erleichtert das bargeldlose Zahlen ungemein. Es ist kein Kartenlesegerät nötig, eine kurze Nummer reicht. So werden sogar Spenden in Sekundenschnelle auf ein Spendenkonto überwiesen, ohne das Klappern der Münzen im Spendenbecher, Bargeld ist überflüssig. Mittlerweile wird sogar darüber diskutiert, die Pflicht der Geschäfte und Händler zur Annahme von Bargeld aufzuweichen. Kleinere Geschäfte könnten dann komplett in die bargeldlose Welt eintauchen.

Praxistipp

Auch an den dänischen Tankstellen können Sie durch die Kartenzahlung eine Menge Zeit sparen. Im ganzen Land gibt es die Do-it-yourself-Tankstellen. Jede Zapfsäule ist mit einem Kartenleser verbunden, und Sie müssen den Tankstellen-Shop nicht betreten, wenn Sie nur wegen des Benzins da sind. Das bedeutet: Zapfsäule aussuchen, Karte in den Automaten an der Säule stecken und lostanken. Am Ende wird genau der Betrag vom Konto abgebucht, den Sie in Form von Benzin in Ihren Tank gelassen haben. Nach wenigen Minuten können Sie weiterfahren – ohne endloses Warten, weil der Kunde vor Ihnen noch einen Hotdog und einen Kaffee kaufen wollte. Die Quittung können Sie sich ebenfalls am Automaten ausdrucken lassen.

Natürlich bezahlen vor allem die älteren Dänen weiterhin mit Bargeld. Die Entwicklung zeigt jedoch, dass sich auf Dauer das bargeldlose Leben durchsetzen wird. Über die Hälfte der Nordlichter lassen sich ihr Bargeld derzeit im Supermarkt an der Kasse auszahlen, statt zum Geldautomaten zu gehen. Mit der *Dankort* bezahlen sie den Einkauf und gleichzeitig noch ein paar Kronen mehr, die dann aus der Kasse entnommen und dem Kunden gereicht werden. Diese Gewohnheit führt wiederum dazu, dass es immer weniger Geldautomaten gibt.

Aber

Für viele Menschen ist das bargeldlose Leben im Moment noch unvorstellbar und die Angst vor digitalem Missbrauch groß. Die Dänen sehen jedoch vor allem die Vorteile. In den Restaurants beispielsweise ist die App »Mobile Pay« zum bargeldlosen Bezahlen eine enorme Bereicherung. Wenn große Familien gemeinsam zum Dinner gehen oder sich ganze Freundeskreise zum Essen beim Döner-Imbiss um die Ecke treffen, kommt die berühmte Frage »Geht die Rechnung zusammen oder getrennt?« niemals auf. Der Kellner würde diese Frage vermutlich auch gar nicht ansprechen. Es ist nämlich völlig normal, dass nur eine Person aus einer größeren Gruppe oder eben das Familienoberhaupt für alle bezahlt. Die anderen Gruppenmitglieder überweisen den selbst zu zahlenden Betrag direkt per »Mobile Pay« über das Handy an den Bezahlenden. Damit hat der Kellner nur eine Rechnung fertigzustellen, keiner muss in seinem Portemonnaie nach dem passenden Betrag suchen, und Schulden werden weder in der Familie noch im Freundeskreis angehäuft. Außerdem ist es völlig egal, wer das letzte Mal gezahlt hat, es waren nämlich alle.

DIE DÄNISCHEN STRÄNDE VERSINKEN IM MÜLL

13
Umweltschutz

Eintausend Tonnen Müll werden jedes Jahr an dänischen Stränden angespült. Es ist vor allem Plastik, das am Strand direkt neben fallen gelassenen Zigarettenstummeln und liegen gelassenem Hundekot ignoranter Fellnasenbesitzer landet. Auch beim sommerlichen Strandtag vergessen die Menschen nicht selten ihre guten Manieren und lassen den Müll einfach am Strand zurück.

Natürlich kann diskutiert werden, ob es die Dänen selbst oder die Dänemark-Touristen sind, die sich derart umweltschädlich verhalten. Fakt bleibt jedoch: Zwei Drittel dieser Abfälle landen am Ende auf dem Meeresboden, verfangen sich in Fischernetzen, werden angespült oder schlimmstenfalls von den Meeresbewohnern gefressen.

Dazu bleiben nach einem Strandtag in den dänischen Dünen oftmals Einweggrills, Getränkedosen, gebrauchte Kaffeetassen und säckeweise Essensreste zurück (sofern diese überhaupt in einen Müllsack gepackt wurden). Schuld daran sind natürlich die Strandbesucher, die ihren Müll einfach liegen lassen. Doch auch die Kommunen müssen sich Vorwürfe gefallen lassen. Die Badegäste kritisieren die geringe Anzahl an Mülleimern vor Ort, auch die Größe sei in den Sommermonaten bei gutem Wetter nicht annähernd ausreichend. So türmen sich die Müllberge rund um die Mülleimer. Die Insekten und Nager freut es, doch nachfolgende Strandbesucher dürften von dem Anblick eher geschockt sein.

Aber

85 Prozent der dänischen Landsleute sind wegen der Umweltbelastung durch Müll im Meer und an den Stränden derart besorgt, dass es immer mehr Initiativen zur Rettung der Strände und damit zur Minimierung der Müllberge gibt. Mit großen Kampagnen weist das Ministerium für Umwelt und Ernährung regelmäßig auf die Missstände hin, und auch einzelne Städte oder Privatpersonen wollen ein Umdenken bei ihren Mitmenschen erreichen.

Sie können zum Beispiel in Aarhus oder Kopenhagen ein Kanu kostenlos ausleihen und sich einen schönen Tag auf dem Wasser machen, wenn Sie im Gegenzug etwas Müll aus der Bucht fischen und diesen nach Ihrem Ausflug beim Kanu-Verleih abgeben. In anderen dänischen Städten gibt es kostenloses Softeis gegen Müll. Für einen mit Müll, Abfällen und Zigarettenstummeln gefüllten Eimer bekommt der fleißige Sammler ein Gratis-Eis. So werden allein in einer Eisdiele bis zu 50 Liter Strandabfälle pro Tag gesammelt. Auch im Alltag greifen vor allem ältere Dänen immer wieder zu Säcken oder Eimern und befreien den Strandabschnitt vor der Haustür von Müll – einfach, um der Umwelt und damit sich selbst etwas Gutes zu tun.

Durch verschiedene Initiativen mit mehreren Tausend Freiwilligen werden jedes Jahr tonnenweise Plastikmüll, aber auch Wrackteile von Flugzeugen und alte Fischernetze aus dem Meer gezogen oder an den Stränden gesammelt. Dänemark bäumt sich auf gegen vermüllte Strände und Meere und gegen das Zerstören der einmaligen, teilweise unberührten Natur.

Auch gegen Zigarettenstummel am Strand soll weiterhin vorgegangen werden. Die Idee: Mehr Strände in Dänemark sollen nach französischem und amerikanischem Vorbild komplett rauchfrei werden. Damit ist nicht nur den Kids beim Sandburgenbau geholfen, sondern die Raucher kämen auch nicht mehr in Versuchung, die Überbleibsel ihrer Sucht in den Sand fallen zu lassen. Es dauert übrigens zehn bis fünfzehn Jahre, bis ein Zigarettenstummel verrottet ist.

DIE DÄNEN FAHREN SKI AUF EINER MÜLLVERBRENNUNGS-ANLAGE

14
Architektur

Wie kann man den Bewohnern einer Stadt eine Müllverbrennungsanlage direkt vor der Haustür schmackhaft machen? Sie haben keine Idee und können sich nicht vorstellen, dass das möglich ist? Die Kopenhagener und der weltbekannte dänische Architekt Bjarke Ingels haben darauf eine äußerst kreative Antwort gefunden: Skifahren auf dem Dach des Riesenbauwerks. Zwar hat Dänemark kleine Skigebiete, an richtigen Bergen mangelt es jedoch, und ein Eldorado für Wintersportler ist das kleine Land ganz sicher nicht. Dennoch sind die Dänen wintersportbegeistert, müssen dafür allerdings nach Schweden, Norwegen oder Österreich, und so entstand die Idee für das CopenHill. Kopenhagen wäre nicht Kopenhagen, wenn es nicht gelänge, aus einem ungeliebten, aber wichtigen Gebäude ein einzigartiges innovatives Bauwerk zu machen.

Die Müllverbrennungsanlage Amager Bakke ist das ganze Jahr geöffnet und besticht mit einer 450 Meter langen Abfahrt auf dem Dach, ein Skilift bringt die Gäste dafür bis auf 78 Meter Höhe. Am besten kann man dieses Projekt unter dem Motto »Not macht erfinderisch« beschreiben. Denn die Notwendigkeit dieser Versorgungsanlage stand außer Frage. Die Versorgung von 150.000 Haushalten mit Elektrizität und Wärme konnte so gesichert werden.

Einen Schandfleck am Rande Kopenhagens wollten die architekturverliebten Dänen aber unbedingt verhindern. So kam es zur Ski- und Snowboardanlage mit attraktiver Aussicht. Natürlich fühlen sich die grünen Matten nicht nach Schnee an, und auch die größten Wintersportfans müssen sich an den Belag erst einmal gewöhnen. Und eine beschneite Winterlandschaft werden Sie hier vergebens suchen. Dennoch haben die Dänen erreicht, worum es ihnen oft geht: Sie zeigen, wie grün ihre Anlage ist – so umweltverträglich, dass man darauf Sport treiben kann. Und sie haben eine weitere Sehenswürdigkeit erschaffen, mit der eine völlig andere Zielgruppe als bisher erreicht wird.

Praxistipp

Wenn Ihnen diese Müllverbrennungsanlage als Anreisegrund noch nicht ausreicht, dürfte es für Wintersportfans bald einen weiteren Grund geben, Dänemark zu besuchen. Hier wird nämlich gerade die größte Skihalle der Welt geplant und umgesetzt. Der Skidome Denmark wird 110 Meter hoch sein und sechs Pisten mit einer Länge von insgesamt drei Kilometern bieten. Gefahren werden kann auf 100.000 Quadratmetern innen und außen. Der Skidome hat die Form einer Schneeflocke und wird den Fluss Gudenå überspannen. Damit wird die Ski- und Snowboardpiste in der Hafenstadt Randers auch architektonisch ein Meisterwerk und optisches Highlight. Wie so viele Bauprojekte in Dänemark besticht der Skidome durch ein ausgeklügeltes und umweltfreundliches Energiekonzept und dürfte somit wenig Angriffsfläche für Kritiker bieten. Ein echter Stimmungskiller ist da nur die Tatsache, dass das Projekt im Moment auf Eis liegt statt auf Schnee. Wann der Bau tatsächlich umgesetzt wird, steht in den Sternen.

DIE DÄNISCHEN WIKINGER STERBEN NIE AUS

15
Abhärtung

Dass die dänische Bevölkerung mehr als abgehärtet ist, was das Wetter angeht, ist bekannt (weitere Information dazu in Kapitel 37, S. 171). Als Dänemark-Urlauber bestaunen Sie sicher die Härte der Dänen, die bei 14 Grad und einem einzigen Sonnenstrahl im Minirock Fahrrad fahren und auch bei Sturm und Regen mit dem Hund am Strand spazieren gehen, obwohl der Vierbeiner von den Böen fast nach Schweden gepustet wird und das Herrchen im peitschenden Nass kaum noch geradeaus schauen kann. Die Heizung bleibt im Sommer konsequent abgestellt, auch wenn die wetterfesten Dänen in frischeren Nächten fast am Sofa festfrieren. Die Plätze im Freien vor den Cafés sind bei Sonnenschein auch im Winter immer besetzt, ein Heizpilz verhindert Erfrierungen.

Es ist nicht so, dass die Dänen etwas Übermenschliches haben oder sich etwas beweisen wollen. Das Wetter und die Natur sind den Nordlichtern heilig, und sie nehmen beides hin, wie es eben gerade ist. Schwer zu sagen, wann ein Däne zu frieren beginnt. Ich habe mir diese Frage immer gestellt, wenn junge Mädchen in offenen Schuhen und ohne Socken bei 10 Grad am Fußballplatz standen. Ich stelle mir diese Frage nicht mehr, seit ich eine plausible Antwort erhalten habe. Die Konversation lief ungefähr so ab:

Ich: »Heute ist es doch so kalt, der Wind peitscht und du hast kurze Hosen an. Frierst du denn gar nicht?«

Mein Gegenüber schaute mich zweifelnd an und sagte: »Nein, wir Dänen sind doch Wikinger!«

Aha! Da haben wir ja des Rätsels Lösung – oder zumindest einen Grund, nie wieder zu fragen.

Dass in dem einen oder anderen Dänen tatsächlich noch ein Restwikinger steckt, wird beim Winterbaden deutlich. Jeden Morgen ziehen meine Nachbarn mit ihren mit Badetüchern gefüllten Picknickkörben Richtung Meer. Nur mit Bademantel und Badelatschen bekleidet, gehen sie im eisig kalten Winter morgens bei Sonnenaufgang zum Wasser. Dort angekommen wird der Bademantel liebevoll in den Korb gelegt, während sie mit den anderen Nachbarn fröhlich tratschen. Es sind nicht etwa ein paar Irre, die vereinzelt ab und zu zur morgendlichen Abkühlung ins Meer springen. Es sind Hunderte, die sich jeden Tag frühmorgens bei Wind und Wetter die Schwimmkappen quasi in die Hand geben.

Ehrlich gesagt gibt es keine Badekappen, und häufig gibt es nicht einmal Badeanzüge oder Badeshorts. Die Wikinger gehen nackt ins Wasser – ein herrliches Bild. Und dabei wollte ich doch eigentlich nur den atemberaubenden Sonnenaufgang fotografieren ...

Niemand bleibt lang im Wasser – man geht hinein, taucht unter, und dann ist der Wahnsinn schon wieder vorbei. Das Baden, vor allem im eiskalten Winter, soll gesund sein und das Immunsystem stärken. Wissenschaftlich konnte dieser abhärtende Effekt durch das kalte Wasser allerdings noch nicht nachgewiesen werden. Wer Herz- und Kreislaufprobleme hat, sollte es generell lieber erst mal im Hallenbad versuchen. Das Ganzjahresbaden bringt vor allem Spaß, Zusammenhalt und macht glücklich, sagen die Wikinger in Dänemark. Na dann!

Harte Fakten

Lange war das Ganzjahresbaden nur bei den älteren Generationen verbreitet. Mittlerweile haben jedoch auch die jungen Dänen den Trend für sich entdeckt. Die 115 Winterbadevereine haben über 40.000 Mitglieder, Tendenz steigend.

Je nach Region, Jahreszeit und Wetter gehen die Dänen auch bei Minusgraden ins Wasser, das Wasser hat dann meist um die null Grad. Sollte es wider Erwarten eine dünne Eisschicht geben, erscheinen die Winterbader mit Werkzeug am Strand und sorgen für eine eisfreie Zone zum kurzen Abtauchen. Natürlich gibt es auch Winterbadefestivals. Urlauber sind übrigens jederzeit herzlich eingeladen, den Wikinger in sich zu entdecken oder zumindest gegen den eigenen Schweinehund anzutreten. Im Winter pünktlich zum Sonnenaufgang am Meer zu stehen, wo eiskalter Wind peitscht und der Regen nicht lang auf sich warten lässt, ist Herausforderung genug – da reicht schon das Zuschauen für ein gutes Gefühl, ganz ohne ausziehen und winterbaden.

DIE DÄNEN VERZICHTEN AUF KRANKENHÄUSER

16
Gesundheitswesen

Stellen Sie sich vor, Sie haben gerade unter stundenlangen Wehen, vielen Schmerzen und völliger Erschöpfung ihr erstes Kind in der Klinik Ihres Vertrauens geboren, und das Erste, was die Hebamme fragt, als Sie das Baby auf Ihre Brust legt, ist: »Gehen Sie direkt nach Hause?« Schwer vorstellbar? Für die Dänen völlig normal. Selbst nach einem Kaiserschnitt sollen die frischgebackenen Mamis möglichst nach zwei Nächten nach Hause.

Nach kleineren Eingriffen und Routineoperationen wird ebenfalls direkt wieder ausgecheckt. Die Entfernung der Mandeln beispielsweise wird ambulant durchgeführt, eine stationäre Aufnahme gibt es nicht. Einen Tag nach der Blinddarm-OP heißt es ebenfalls: Ade!

Ja, die Dänen sind Wikinger, das wissen Sie ja spätestens seit dem letzten Kapitel, aber ein Schmerzempfinden haben sie natürlich trotzdem. Deshalb gibt es nach einem Eingriff eine Tüte voller Schmerzmittel, und dann kuriert man sich zu Hause bei den Liebsten aus. Nach durchschnittlich 3,8 Tagen Aufenthalt im Krankenhaus werden die Patienten nach Hause geschickt – keinem EU-Land gelingt es schneller, für freie Krankenhausbetten zu sorgen.

In Dänemark gibt es auffällig wenige Krankenhäuser: Waren es 2017 noch 40 Kliniken mit Notfallaufnahme, sollen davon in Zukunft nur noch 21 erhalten bleiben. Die ambulanten Behandlungen werden ausgeweitet, die Liegezeit im Krankenhaus soll auf drei Tage sinken. Während auf 1.000 Dänen nur 2,7 Krankenhausbetten kommen, sind es in Deutschland 8,2. Ähnlich sieht es übrigens bei den Apotheken aus, wie Sie in Kapitel 24, S. 112, genauer nachlesen können.

Aber

Teile des dänischen Gesundheitssystems dienen anderen Ländern als Vorbild. In Deutschland beispielsweise gibt es mehr als 2.000 Krankenhäuser, auch wenn mehr als 20 Prozent aller Betten in den letzten 20 Jahren abgebaut wurden.

Damit gilt das deutsche System als teuer und kann im internationalen Vergleich nicht standhalten. Deshalb schielt man gern zum Nachbarland, wo es deutlich weniger Krankenhäuser gibt. Dort sind die Gesundheitskosten niedriger, und dennoch ist die Gesundheitsbilanz gut oder sogar besser als in vielen anderen Ländern. Hätte Deutschland eine ähnliche Krankenhausstruktur wie Dänemark, gäbe es hierzulande nur 330 Kliniken. Statt unzählig vieler alter Krankenhäuser, die mittelmäßige Behandlungsergebnisse liefern und schlecht ausgestattet sind, soll es bald auch hier weniger, aber dafür personell und technisch bestens ausgestattete Kliniken geben.

Eine geringere Zahl an Apotheken und Krankenhäuser bedeutet also nicht, dass das Gesundheitssystem nicht funktioniert, ganz im Gegenteil. Neben den Niederlanden und der Schweiz gehört Dänemark in Europa zu den führenden Nationen im Bereich Gesundheit.

Außerdem gibt es dort eine Behandlungsgarantie: Bei ernsten Symptomen wird innerhalb von 30 Tagen eine Diagnose gestellt und mit der Behandlung begonnen. Steht dafür in einem öffentlichen Krankenhaus kein Platz bereit, darf der Patient für die Behandlung in eine Privatklinik seiner Wahl gehen – ohne Extrakosten.

Grundsätzlich geht der Däne mit allen gesundheitlichen Anliegen und Problemen zum Hausarzt. Dieser entscheidet dann, wie weiter behandelt wird. Ihre Termine machen die Patienten natürlich online oder am Notfalltelefon, falls die Krankheit überraschend zuschlägt. Allerdings dauert es hier deutlich länger, bis ein Rezept für Medikamente ausgestellt wird, und eine Überweisung zum Facharzt ist selten.

Selbst Schwangere werden, abgesehen von der Hebamme, nur vom Hausarzt behandelt, einen Gynäkologen bekommen sie nicht zu Gesicht. Zumindest nicht, wenn die Schwangerschaft normal verläuft. Der Hausarzt verschreibt auch die Anti-Babypille und führt alle drei Jahre den allgemeinen Gesundheitscheck für Frauen durch. Dazu gehören sowohl der allgemeine Check-up als auch eine gynäkologische Untersuchung. Zum Frauenarzt wird erst überwiesen, wenn es bei diesen Untersuchungen zu gynäkologischen Auffälligkeiten kommt. Damit fallen Besuche beim Gynäkologen komplett weg, wenn beim Hausarzt keine Unregelmäßigkeiten festgestellt werden. Nur mit ernsteren Erkrankungen wie Zysten oder Ähnlichem werden dänische Frauen beim Gynäkologen vorstellig.

Den Männern geht es nicht anders: Statt zum Urologen gehen sie für die Prostatakrebsvorsorge zum, na, Sie wissen schon – zum Hausarzt. Und auch eine Mittelohrentzündung behandelt natürlich der Ihnen zugeteilte Hausarzt. Wer braucht schon einen Hals-Nasen-Ohrenarzt?!

Gut zu wissen

Die Dänen ruhen sich auf ihrer Topplatzierung im Bereich Gesundheitswesen nicht aus, sondern wollen mehr. Viel mehr. Aus diesem Grund entwickeln sie Superkliniken, die europaweit als Vorbild dienen. In den nächsten Jahren wird nördlich von Aarhus eine hochmoderne Krankenhausstadt entstehen. Der Spagat zwischen Einsparung und Qualität soll vor allem durch E-Health und Telemedizin geschafft werden. 10.000 Menschen sollen nach Beendigung der Bauarbeiten ihren Arbeitsplatz in der Superkrankenhausstadt antreten. Das neue Universitätsklinikum, ein zentraler Teil dieser späteren Superkrankenhausstadt, ist bereits fertig, und gilt als Vorbild für 17 weitere Superkrankenhäuser, die bis 2025 in Dänemark fertiggestellt werden sollen. 5,6 Milliarden Euro investiert der Staat in den kommenden Jahren, jedes dritte Krankenhaus wird modernisiert.

Mit Hilfe von E-Health wird das Ausstellen von Rezepten, das Übermitteln von Blutwerten und die Anmeldung der Patienten komplett digitalisiert. Schon heute bleibt vielen Menschen durch telemedizinische Lösungen der Weg zum Arzt erspart. Die Dänen können ihren Doc über das Tele-Health-Monitoring-System bequem von zu Hause aus konsultieren. Das dänische Gesundheitssystem erlebt gerade den größten Umbruch seiner Geschichte, und die Dänen schaffen es einmal mehr, als Vorreiter, Ideengeber und Vorbild für andere Nationen zu dienen.

DIE DÄNEN DUZEN ALLES UND JEDEN

17

Anredeform

An einem beliebigen Mittwochmorgen in irgendeiner deutschen Schule: »Guten Morgen, Frau Müller!« ruft der Klassenverbund voller Enthusiasmus seiner Lehrerin entgegen. Wer kennt dieses Szenario nicht aus der eigenen Grundschulzeit? Mittlerweile begrüßen sich Schüler und Lehrer etwas entspannter und moderner, vor allem alteingesessene Pädagogen aber bestehen noch oft auf diesem Ritual. Eine Sache ist dagegen überall geblieben und ein absolutes Muss, auch bei jüngeren Lehrern: Die Pädagogen werden von ihren Schülern gesiezt. Im weiteren Berufsleben ändert sich daran nichts. In Deutschland werden Führungskräfte und Vorgesetzte meist mit Herr und Frau Soundso angesprochen, duzen entspricht nicht der Norm. Was würde wohl Ihr Vorgesetzter sagen, wenn Ihre ersten Worte des Tages an ihn »Grüß dich, Maik« wären?

Bei den Dänen ist dies völlig normal, im ganzen Land duzt man sich. Der Schüler duzt den Lehrer, der Student den Professor, der Metzger seinen Kunden, der kleine Junge die Nachbarsfrau und der Bandarbeiter den Firmenleiter. Wer am Siezen hängt, dürfte erst mal einen Schock bekommen, wenn er in Dänemark von Gott und der Welt mit dem Vornamen angesprochen wird. Während es in Frankreich nicht selten ist, dass die Kinder sogar ihre Eltern siezen, setzt man in der englischen und amerikanischen Sprache auf das neutrale *You*. Bei dieser Form kann das Gegenüber aus dem Kontext erschließen, ob es gerade geduzt wird oder nicht. Die Skandinavier dagegen sind reine Duzis, eine andere Form wird nicht mehr benutzt. Seit den 60er- und 70er-Jahren wird dort auf das Sie verzichtet, so auch bei den Dänen. Wer mit der formellen Form aufgewachsen ist, kann sich nur schwer an das ständige Du gewöhnen. Vor allem die nötige Distanz und Höflichkeit werden für viele Menschen durch das Siezen deutlich gemacht.

Es macht einen Unterschied, ob die Menschen einen duzen, aber mit Nachnamen anreden, oder beim Duzen einfach immer den Vornamen benutzen. In Dänemark wird sogar beides praktiziert. In einem Sportverein zum Beispiel doppeln sich viele Vornamen so oft, dass man den Nachnamen benutzt, obwohl sich alle duzen. Das klingt dann so: »Müller, kannst du morgen zum Training kommen?« Oder eben typisch dänisch: »Hansen, du machst immer alles im Alleingang!«

Häufiger werden aber der Vorname und das Du kombiniert. Genau das lässt alle Urlauber, Auswanderer und Arbeitskollegen aus anderen Ländern aufhorchen. Das unübliche Geduze wirkt auf die meisten Außenstehenden sehr befremdlich. Bis auf wenige Ausnahmen wird nämlich in ganz Europa zwischen informeller und formeller Anrede unterschieden, und bei Letzterer benutzt man den Nachnamen. Nicht aber in Dänemark, hier zählen nur der Vorname und die informelle Form. Du wirst also damit leben müssen, dass dich die Dänen duzen – ob du willst oder nicht.

Aber

Auch Länder wie Deutschland, Österreich und die Schweiz setzen immer mehr auf einen lockeren und modernen Umgangston. Vor allem in Firmen soll die neue Lässigkeit guttun. So lässt man die Krawatten zu Hause, zieht Sportschuhe an und duzt drauflos. Vielleicht ist es Ihnen beim Einkaufen schon passiert, dass die Verkäufer Sie plötzlich duzen?! Das gehört neuerdings in vielen Geschäften zum guten Ton. Nicht nur intern, also zwischen den Mitarbeitenden (vom Praktikanten bis zum Abteilungsleiter) wird geduzt, sondern auch in den Geschäften selbst, der Kunde wird mit ins Boot geholt.

Ikea, Google oder Facebook betreiben die Duz-Kultur bereits seit Jahren erfolgreich. Ein Grund mehr für einige Firmenbosse, dieses Modell auch auf ihr Business außerhalb von Skandinavien und Amerika zu übertragen. Leider reicht ein Duzbefehl nicht aus, um ein lockeres und besseres Arbeitsklima zu vermitteln. Wenn sich das Du nicht gut anfühlt, geht der Sinn der Sache verloren. Und der Opa, der seit vielen Jahren im kleinen Tante-Emma-Laden nebenan einkaufen geht, wird dem Verkäufer an der Kasse die Leviten lesen, wenn dieser plötzlich vermeintlich respektlos drauflosduzt.

Gut zu wissen

Die Dänen duzen sich also kreuz und quer durch die Gesellschaft und die Hierarchien und machen auch vor dem Alter nicht Halt. Peinliche Momente fallen im Alltag damit weg, keiner muss lange überlegen, wie er die Person gegenüber ansprechen soll. Das Du ist bei jedem Gesprächspartner richtig und angebracht. Fast! Es gibt eine Ausnahme, und diese müssen Sie kennen und beachten: Die dänische Königsfamilie wird weiterhin gesiezt. Immer und ohne Ausnahme. Bitte kommen Sie also nicht auf die Idee »Hallo Margrethe!« zu rufen, falls Sie irgendwann einmal einen Blick auf die volksnahe Königin erhaschen.

DIE DÄNEN DEALEN MITTEN IN DER HAUPTSTADT

18
Christiania

Seit Jahrzehnten gilt die Freistadt Christiania als Touristenmagnet. Die autonome Wohnsiedlung in Kopenhagen wird als rechtsfreier Raum oder größte Kommune der Welt bezeichnet. Unter vielen Gleichgesinnten und bei guter Musik legal einen Joint im Hippie-Paradies rauchen, tanzen oder Kaffee trinken – viele Urlauber zieht dieser Gedanke magisch an, und sei es nur aus Neugier.

Rechtsfreier Raum klingt abenteuerlich, spannend, lebens- und sehenswert, aber tatsächlich ist die alternative Wohnsiedlung in den letzten Jahren immer mehr zu einem Problem geworden. Ein Problem für die Polizei, die Anwohner, die Bewohner und so manchen Gast.

Seit Jahren ist die Polizei machtlos, was das Treiben in Christiania betrifft. Hier werden offiziell Drogen verkauft, dem Staat sind die Hände gebunden. Die Razzien führen ins Leere, Stunden nach dem Zugriff sind die Drogenbuden bereits wieder offen. Neben Bargeld und Hunderten Kilo Hasch wurden auch schon Waffen beschlagnahmt. Abgesehen von fliegenden Steinen provozieren diese Razzien auch immer wieder Schießereien zwischen den Dealern und den Einsatzkräften. Ein Ort der Liebe und Vielfalt sieht anders aus, das finden auch immer mehr Christianitter, wie man die Bewohner der Siedlung nennt.

Journalisten und fotografierende Personen werden teilweise aufs Übelste beleidigt, ihrer Ausrüstung entledigt oder sogar bedroht. Fotos sind nicht erwünscht, das kann jeder Besucher auf zahlreichen Schildern nachlesen. Ernst nehmen das die meisten aber wohl erst, wenn sie noch einmal deutlich mit lautem Geschrei darauf hingewiesen werden: *»No photos!!!«* Merchandise-Artikel, Gras und Getränke zu kaufen ist dagegen erwünscht. Christiania spielt mit seinem Ruf und verdient an den Touristen, aber diese müssen klare Regeln einhalten, wenn sie nicht böse anecken wollen. Vor allem die Dealer der sogenannten Pusher Street sorgen für ein Klima der Angst, nicht nur bei den Gästen, sondern teilweise auch bei den Einwohnern. Angesichts des einen oder anderen Dealers mit vernarbtem Gesicht und blutunterlaufenen Augen dürften auch unbedarfte Besucher verstehen, dass hier schon längst nicht mehr nur Gras konsumiert wird. Ihre Gesichter verstecken die Dealer oftmals sogar hinter Masken – wie soll man sich da als Anwohner oder Besucher noch wohlfühlen?

Am 31. August 2016 kam es zum bisherigen Höhepunkt der Auseinandersetzungen. Zwei Polizeibeamte und ein Zivilist wurden in der Freistadt angeschossen und verletzt. Der Täter, ein Drogendealer der Pusher Street, wurde wenig später von der Polizei getötet. Spätestens an diesem Tag verstanden alle, dass es das friedliche Flower-Power-Christiania von früher nicht mehr gab. Was blieb, waren Drogen und Gewalt.

Aber

Die Entwicklung und der Trend zu Kriminalität und Gewalt hat die Einwohner Christianias zum Handeln und Umdenken gezwungen. Man vertrieb die Dealer aus der Freistadt und sperrte die Pusher Street 2018 mit all ihren Drogenverkäufen für längere Zeit ab. Zwei Dutzend Holzbuden der Drogenhändler wurden geräumt, und zwar von den Bewohnern selbst. Natürlich gibt es trotzdem Drogen zu kaufen, und die sündige Meile ist längst wieder für Besucher zugänglich. Dennoch setzen die Bewohner Christianias immer mehr auf Offenheit und versuchen den Einfluss der Dealer kleinzuhalten. Das Geschäft mit dem Haschisch können sich die Christianitter natürlich nicht entgehen lassen, immerhin zieht genau dieses einen Teil der Besucher an. Außerdem konsumieren die meisten selbst. Das Verhältnis und die Stimmung zwischen den Drogenbossen und den Einwohnern hat sich inzwischen verbessert. Die Dealer dürfen sich nicht mehr vermummen, und die Christianitter haben nichts gegen den Verkauf von Cannabis in ihrem Zuhause. Gewalt, Unterdrückung und harte Drogen möchten sie dagegen nicht mehr erleben oder dulden.

Damit ist Christiania auch für Urlauber wieder deutlich attraktiver und vor allem freundlicher geworden. Im Sommer sitzen meist Hunderte Besucher zusammen und feiern bei guter Live-Musik friedliche und bunte Feste bis tief in die Nacht.

Harte Fakten

Das Institute for Economics and Peace (IEP) beschäftigt sich seit Jahren damit herauszufinden, wie die Sicherheit eines Landes bestimmt werden kann. Im Rahmen dieser Studien messen alljährlich Experten in 162 Ländern weltweit den Frieden. Verglichen werden dazu beispielsweise der Grad der Sicherheit in der Gesellschaft, das Ausmaß von nationalen oder internationalen Konflikten, der Grad der Militarisierung und das Risiko für gewaltsame Konflikte durch den Klimawandel (seit 2019). Als Kriterien für Friedfertigkeit gelten unter anderem solide Institutionen, Pressefreiheit, eine gut funktionierende Regierung, niedrige Korruptionsraten und eine geschäftsfördernde Umgebung.

Seit mehreren Jahren taucht Dänemark in diesem Ranking immer wieder auf den ersten drei Plätzen auf, und zählt damit trotz der Terroranschläge von 2015 zu den sichersten Ländern der Welt. Damals wurden bei zwei islamistischen Anschlägen am 14. und 15. Februar in Kopenhagen zwei Person getötet und mehrere Polizisten verletzt. Der Täter wurde wenig später von den Einsatzkräften erschossen.

Das friedlichste Land im Ranking ist übrigens bereits seit 2008 Island.

DIE DÄNEN KÖNNEN NICHT AUTO FAHREN

19

Straßenverkehr

Eines der hartnäckigsten Vorurteile über Dänen besagt, dass sie miserable Autofahrer sind. Diese Behauptung wird vor allem von Dänemark-Urlaubern bestätigt, die folgende Szenarien immer wieder erleben, sobald sie in das kleine Land fahren.

Auf der dreispurigen Autobahn haben die Dänen eine Leidenschaft für die mittlere und die linke Spur. Auch wenn rechts kaum Verkehr ist, bleiben sie lieber entspannt auf der freien Spur und lassen sich treiben. Offensichtlich nehmen sie dafür sogar die Strafe in Kauf, die bei Verstoß gegen das Rechtsfahrgebot droht. Wenn die Nordlichter dann doch in die Lage kommen, überholen zu müssen, tun sie dies in aller Ruhe und äußerst langsam, im schlimmsten Fall sogar rechts. Die Autofahrer, die deshalb auf der linken Spur extrem abbremsen müssen oder sich auf der mittleren Spur zu Tode erschrecken, scheinen sie gar nicht zu bemerken.

Drei Kreuze, wenn der Däne die Autobahn wieder verlässt – was er natürlich ebenfalls besonders ruhig und besonnen macht: Schon viele Kilometer vor der eigentlichen Abfahrt wird abgebremst, und es geht auf die rechte Spur. Und dort tuckert man dann mit gefühlten 50 km/h bis zur Ausfahrt. Ähnlich gelassen agieren die Dänen am Kreisverkehr. Sollte auch nur zu erahnen sein, dass ein Auto in den Kreisverkehr einfädeln will, wird gewartet – auch wenn es gerade erst auf der gegenüberliegenden Seite einfährt.

Gut zu wissen

Haben Sie sich schon einmal beim Kauf eines Gebrauchtwagens über den Tisch ziehen lassen? Wenn nicht, hatten Sie Glück, denn nicht selten hält der Fahrzeughalter unangenehme Informationen über den Wagen zurück, um diesen besser verkaufen zu können. Die Dänen müssen davor keine Angst haben, Gebrauchtwagen in Dänemark sind so gläsern wie der Däne selbst. Hier wissen die potentiellen Käufer alles über den Wagen, was es zu wissen gibt, und dafür brauchen sie nicht mal den aktuellen Besitzer. Allein das Kennzeichen genügt, um sich im Internet über das Auto schlau zu machen und an sämtliche Daten zu gelangen.

Steht das Auto beim Händler und hat damit kein Kennzeichen, bekommt der Käufer alle Infos mithilfe der Fahrgestellnummer. Im Internet gibt es dann die dänische Version des TÜV-Berichts zum Nachlesen, unverblümt und ehrlich. Auch der Kilometerstand und die Restschuld des Autos sind dort erfasst und können von potentiellen Käufern eingesehen werden.

Die absolute Höchstgeschwindigkeit auf dänischen Autobahnen beträgt 130 km/h, deutlich häufiger sind sogar nur 110 km/h erlaubt. Auf den Landstraßen darf nicht über 80 km/h gefahren werden, und die Dänen halten sich daran. Wie bereits in Kapitel 2, S. 17, erwähnt, sind die Strafen für Verkehrsvergehen empfindlich hoch, deshalb lässt sich auch kein Däne zum Rasen verführen oder überschreitet die vorgegebene Geschwindigkeit deutlich. Nein, auch nicht, wenn bereits fünf weitere Autos an der Stoßstange kleben, weil sie schneller fahren wollen und die exakten 50 km/h des Fahrzeugs vor ihnen fast nicht ertragen. Diese fünf Fahrer müssen Touristen oder Nicht-Dänen sein, denn die Dänen würden nie auf die Idee kommen, zu drängeln, die Lichthupe zu betätigen oder gar zu hupen, um den Druck auf den Vordermann zu erhöhen.

Praxistipp

Die rücksichtsvolle Fahrweise der Dänen entspannt ungemein und steckt nach einer gewissen Zeit auch an. Für viele Urlauber beginnen die Ferien nach dem Verlassen der Fähre bereits auf den dänischen Autobahnen. Das Fahren bei 110 km/h, ohne Drängler, Hupen und aggressive Überholmanöver schont die Nerven extrem. Lassen Sie sich unbedingt auf diese entspannte Fahrweise ein, solange Sie im Land der schlechten Autofahrer sind. Sie werden einen deutlichen Unterschied merken, wenn Sie sich nach Ihrem Urlaub wieder ins Getümmel der deutschen Autobahnen stürzen. Vielleicht sind die Dänen ja gar keine schlechten Autofahrer, sondern einfach nur etwas gelassener, rücksichtsvoller und klüger als der ein oder andere gestresste und aggressiv autofahrende Nichtdäne.

BRIEFE UND POSTKARTEN SIND IN DÄNEMARK NICHT ERWÜNSCHT

20

Postwesen

Über den gläsernen Dänen, der alles mit Karte bezahlt und jeden wissen lässt, wo sein Auto parkt, haben wir bereits in Kapitel 12, S. 63, gesprochen. Allerdings ist der Gipfel der digitalen dänischen Welt damit noch nicht annähernd erreicht. Die Briefe vom Staat kommen ausschließlich per E-Mail, einen Briefkasten brauchen die Dänen eigentlich nur für die Werbeblätter mit den geliebten Sonderangeboten. Das Rezept vom Arzt? Die alljährliche Steuererklärung? Die Anmeldung im Kindergarten, das Ablesen des Wassers oder Ihre Adressänderung? All diese Dinge werden in Dänemark mit ein paar Mausklicks online erledigt.

Die Datenschützer schlagen sicher die Hände über den Köpfen zusammen.

Die Arbeit am Computer und vor allem mit dem Internet liegt Ihnen nicht so? Dann sollten Sie nicht nach Dänemark auswandern, denn hier müssen Sie nahezu alles online regeln. Wenn Sie zu den Menschen gehören, die gern zum Briefkasten gehen und sich über Post freuen, sind Sie in dem kleinen skandinavischen Land ebenfalls fehl am Platz. Durch die sogenannte e-Boks kommen nahezu alle Briefe per Mail zu Ihnen, den Weg zum Briefkasten können Sie sich sparen. Seit 2014 sind die Dänen dazu verpflichtet, die offizielle Post in ihrem digitalen Briefkasten (e-Boks) entgegenzunehmen. Zeitgleich wurde der traditionelle Briefverkehr eingestellt. Die Briefe von Behörden, Krankenhäusern, Schulen, Dokumente der Stadtverwaltung, Rechnungen, Lohnbescheide vom Arbeitgeber, all das wird seitdem ausschließlich digital geschickt, an die e-Boks. Über diesen digitalen Briefkasten werden sogar Bankgeschäfte erledigt: Durch die Möglichkeit der digitalen Unterschrift auf dem Rechner sehen die Dänen nur selten eine Sparkasse von innen.

Gut zu wissen

Auch das Postkartenschreiben dürfte Ihnen in Dänemark keinen Spaß machen, spätestens beim Kauf der Briefmarke werden Sie nämlich Ihren Ohren nicht trauen. Bei einem Porto von knapp

4 Euro pro Karte vergeht einem die Lust, 20 Postkarten in die Heimat zu schicken. Ein hohes Porto bedeutet weniger Pakete, Briefe und Postkarten. Genau das will der Staat erreichen, um die Menschen an den digitalen Schriftverkehr zu gewöhnen, und zwingt sie so zu ihrem digitalen Glück. Seit 2000 ist der Briefverkehr in Dänemark um 80 Prozent zurückgegangen. Die negativen Folgen bekommt vor allem die dänische Post zu spüren. Zahlreiche Entlassungen und massive Umsatzeinbrüche sind die Folge. Auch die Lieferzeiten sind mit über einer Woche für eine Postkarte von Dänemark nach Deutschland echte Spaßkiller.

Aber

Der digitale Briefkasten ist nicht vergleichbar mit einer normalen E-Mailadresse, da die Sicherheit hier deutlich höher ist. Durch die personengebundene CPR-Nummer (siehe Kapitel 3, S. 22), ein Passwort sowie einen ständig wechselnden Zahlenschlüssel sind die Daten deutlich besser geschützt. Die e-Boks ist außerdem unabhängig von Umzügen oder Änderungen der E-Mail-Adresse. Damit kommt das elektronische Schreiben immer beim richtigen Empfänger an, Verzögerungen oder Fehlzustellungen gibt es nicht. Auch das lästige Abheften von wichtigen Unterlagen und Berge von Papiermüll fallen weg. In digitalen Ordnern können die Dokumente ganz problemlos gespeichert werden. Auch der Weg in die Stadt zur nächsten Bank oder Behörde wird den Dänen durch die e-Boks abgenommen. Sie ermöglicht es, all diese unliebsamen Dinge vom Sofa aus zu erledigen, und bringt den Nordlichtern eine enorme Zeitersparnis.

Zur Einführung der e-Boks bot man landesweit in Schulen und Bibliotheken Schulungen und Workshops für all jene an, die sich digital noch nicht fit genug fühlten. Von den 5,6 Millionen Einwohnern Dänemarks sind bereits mehr als 5 Millionen per e-Boks registriert. Wer sich davon befreien lassen will, braucht einen triftigen Grund und muss bei der Kommune vorsprechen.

Ein weiteres spannendes Thema ist die SKAT, die dänische Steuerbehörde. Natürlich füllen die Dänen ihre Steuerunterlagen ebenfalls digital aus. So richtig viel müssen sie dabei allerdings gar nicht machen. Während für viele Deutsche die alljährliche Steuererklärung ein absoluter Angstgegner ist, kümmert sich in Dänemark die dänische Steuerbehörde um den Inhalt. Mithilfe der CPR-Nummer sucht die Behörde alle relevanten Daten wie die des Arbeitgebers, der Banken und von den Stadtverwaltungen zusammen und fertigt damit eine Steuererklärung an. Der Bürger selbst bestätigt nur noch die Richtigkeit der Daten, ergänzt und vervollständigt, wo nötig, und das war's! Eine fertige Steuererklärung nach wenigen Minuten? Kein Problem, dem digitalen und gläsernen Leben sei Dank!

KÜNDIGUNGSSCHUTZ? NICHT IN DÄNEMARK!

21
Arbeitsmarkt

Sie hängen an Ihrem Haus und Ihrem Job und möchten beides bis ins hohe Alter behalten und nicht umziehen oder wechseln? Dann sind Sie sicher kein Däne. Die Dänen wechseln ihre Jobs und Häuser nämlich ständig und aus voller Überzeugung. Kontinuität und Sicherheit ade!

Wer in Dänemark einen Arbeitsvertrag unterschreibt, hat meist so gut wie keinen Kündigungsschutz, da es keine gesetzliche Regelung dafür gibt. Der Arbeitsmarkt bleibt vor allem deshalb in Bewegung, weil die Arbeitgeber ohne größere Probleme entlassen oder neu besetzen können. Damit können dänische Firmen deutlich schneller auf Markentwicklungen reagieren – sei es, um durch Entlassungen die Firma zu schützen oder um ohne Zukunftsängste in Hochphasen Mitarbeiter einzustellen.

Knapp 80.000 Dänen wechseln jedes Jahr ihren Job, absolute Spitze im Europavergleich. Eine Torte zum 10-jährigen Betriebsbestehen gibt es nur selten, im Durchschnitt sitzen die Dänen nur 8,4 Jahre am gleichen Schreibtisch. Nicht aber, weil sie ständig entlassen werden. Die Dänen wollen Abwechslung, dazulernen, neue Dinge probieren und sich in verschiedenen Betrieben beweisen. Die Angst vor Arbeitslosigkeit scheint bei den Nordlichtern keine Rolle zu spielen. Der Job wird gewechselt, wenn ein attraktiveres Angebot kommt, man kündigt, wenn man sich nicht mehr wohlfühlt oder das Gefühl hat, etwas Neues machen zu müssen.

Das gleiche Vorgehen ist auch bei Umzügen zu beobachten. Egal ob sie in einer Wohnung oder im eigenen Haus leben – einem Umzug stehen die Nordlichter grundsätzlich offen gegenüber. Obwohl mehr als die Hälfte der Dänen in einem Eigenheim lebt, bleiben die wenigsten ihren eigenen vier Wänden treu. Ein neuer Partner, die neue Arbeitsstelle oder einfach die Lust auf etwas Neues reichen aus, und die Kartons werden gepackt. Damit stehen nahezu ständig etwa 1,1 Millionen Eigenheime in Dänemark zum Verkauf. Die Tendenz zum Hausbesitz ist allerdings rückläufig. Die jungen Dänen zieht es in die Großstädte und damit in Wohnungen.

Aber

Im Mutterschutz und in den ersten 120 Tagen einer Langzeiterkrankung darf auch in Dänemark niemand entlassen werden. Doch auch wenn es hier keinen gesetzlich festgeschriebenen Kündigungsschutz gibt, die Nordlichter haben keine Angst vor einer Entlassung. Der dänische Arbeitsmarkt ist durch die vielen Jobwechsel ständig in Bewegung. Die Arbeitslosenquote liegt bei unter fünf Prozent und fällt weiter. Die Dänen vertrauen vor allem ihrem Sicherheitsnetz. Bereits seit den 90er-Jahren werden die Arbeitnehmer nach einer Entlassung durch Flexicurity aufgefangen. Dieses Wort steht für Flexibilität und Sicherheit und wird auch das goldene Dreieck genannt. Durch das Zusammenwirken eines flexiblen Arbeitsmarkts, Einkommenssicherheit und einer aktiven Beschäftigungspolitik sind sowohl Arbeitgeber als auch Arbeitnehmer zufrieden und abgesichert. Zwar verzichtet Dänemark auf einen Kündigungsschutz, doch dafür steht dem Arbeitnehmer im Fall der Arbeitslosigkeit eine vergleichbar hohe materielle Absicherung zu, und das über zwei Jahre hinweg. Danach greift die Sozialversicherung. Bei der Stellensuche erhalten Arbeitsuchende außerdem viel Unterstützung vom Staat.

Im Gegensatz zum nicht vorhandenen Kündigungsschutz genießen die Dänen übrigens einen äußerst umfassenden Mieterschutz. Das dänische Mietrecht beruht auf dem Prinzip der Unkündbarkeit des Mieters und schützt ihn vor unangemessen hohen Mietzinsforderungen.

DIE LASTER DER DÄNEN SIND ALKOHOL UND ZIGARETTEN

22

Drogenkonsum

Die Dänen trinken und rauchen, als gäbe es keinen Morgen mehr. Das sagt zumindest ein weiteres Ranking, in dem die Nordlichter einen Spitzenplatz einnehmen. In keinem anderen skandinavischen Land trinken die Menschen so regelmäßig Alkohol und rauchen so häufig. 21 Prozent der Dänen greifen jeden Tag zur Zigarette, Alkohol wird im Schnitt 2,5-mal pro Woche getrunken. Damit ist Dänemark einsame nordische Spitze. 13.600 Dänen sterben jedes Jahr allein durch die Folgen des Tabakkonsums. Diese Erkenntnisse brachte eine neue Untersuchung über Ernährung, körperliche Bewegung und Übergewicht zu Tage. Durchgeführt wurde sie vom Lebensmittelinstitut der DTU (Danmarks Tekniske Universitet) gemeinsam mit Forschern aus Finnland, Island, Norwegen und Schweden.

Noch schlimmer ist der Alkoholgenuss der dänischen Jugend, wie mehrere Studien ergaben. In ganz Europa gibt es kein anderes Land, in dem die 15- und 16-jährigen so viel Alkohol konsumieren wie in Dänemark.

Der Verkauf von Bier und Zigaretten steigt im Moment sogar weiter an. Nach mehreren Jahren des Rückgangs trinken und rauchen die Nordlichter wieder mehr. 9,4 Liter reiner Alkohol wird in Dänemark pro Kopf konsumiert.

Und das, obwohl Alkohol dort sehr teuer ist (siehe Kapitel 37, S. 171). Vor allem Dänen, die in Grenznähe wohnen, nutzen daher die kurzen Wege nach Deutschland, um sich im Nachbarland mit günstigerem Alkohol einzudecken. Auch auf den Fähren von Deutschland nach Dänemark versorgt man sich gern mit Spirituosen.

Deutlich günstiger ist dagegen der Kauf von Zigaretten in Dänemark; die dortigen Tabakpreise zählen zu den niedrigsten in ganz Europa. Für die Experten sind die niedrigen Preise die Wurzel des qualmenden Übels. Je höher die Preise, desto geringer die Nachfrage – in vielen Ländern hat dieses Vorgehen bereits bestens funktioniert, und die Zahl der Konsumenten hat deutlich abgenommen. Haben sich viele Dänen früher noch in Norwegen und Deutschland mit Zigaretten eingedeckt, ist dies heute nicht mehr sinnvoll. Dort wurden die Preise mittlerweile so stark angehoben, dass die Glimmstängel heute in Dänemark am günstigsten sind.

Gut zu wissen

Damit die Arbeitszeit der dänischen Angestellten durch den Tabakkonsum nicht negativ beeinflusst wird, hat die Kopenhagener Vorstadt Ishøj das Rauchen untersagt. Selbst in unbezahlten Pausen oder außerhalb des verwaltungseigenen Geländes ist es den Angestellten verboten. So soll die gesamte Gemeinde Ishøj den ganzen Arbeitstag rauchfrei sein. Die Gewerkschaft geht allerdings juristisch gegen diese Verbote vor. Sie argumentiert, dass die unbezahlten Pausen private Zeit seien und von den Angestellten frei und selbstbestimmt genutzt werden dürften.

Verboten ist das Rauchen in Dänemark übrigens in allen öffentlichen Einrichtungen wie Bars, Restaurants, Bahnhöfen oder in Büros.

Vor allem die Lebensweise der Dänen verführt die Nordlichter immer wieder zu einer Dose Bier und einer Zigarette. In der dänischen Hauptstadt kann man es täglich beobachten: Nach getaner Arbeit treffen sich die Dänen zum Feierabendbier in der Stadt. Bier aus der Dose ist hier allgegenwärtig und klassenlos. Egal ob Punk, Anzugträger oder Oma, auf ihr Dosenbier lassen die Nordlichter nichts kommen. Mit dem Sixpack oder einer Flasche Wein geht es dann in die Parks, zum Nyhavn oder auf den eigenen Balkon. Zum gemütlichen Beisammensein am Feierabend gehören für viele Alkohol und eine Zigarette.

Aber

Nur weil die Dänen in den nordischen Ländern das Ranking für Alkohol- und Tabakkonsum anführen, heißt das noch nicht, dass sie übermäßig viel trinken und rauchen. Jedenfalls nicht, wenn man alle Länder in Europa betrachtet. Zwar lässt der Vergleich mit Schweden, Island und Norwegen die Dänen in einem schlechten Licht dastehen. Europaweit gesehen konsumieren sie jedoch weniger Alkohol und Zigaretten als beispielsweise die Deutschen. Die Dänen versuchen ihre Alkohol- und Zigarettensünden übrigens durch Sport und gute Ernährung wettzumachen. Beim Wassersport, Joggen, Reiten, Badminton oder im Fitnessstudio bleiben sie in Bewegung. In das Thema gesunde Ernährung investiert der Staat jährlich viele Tausende Kronen, um die Dänen bestmöglich zu beraten.

DIE DÄNEN MACHEN SICH VON EINER BRÜCKE ABHÄNGIG

23

Brückenbau

Kennen Sie die Öresundbrücke zwischen Dänemark und Schweden? Dieses Bauwerk ist weit mehr als eine einfache Brücke und zugleich der Schauplatz einer schaurigen und tragischen Geschichte: Mitten auf der Brücke wird eine durchtrennte Leiche gefunden. Aufgrund der Ermittlungen muss die Brücke und damit das Herz- und Verbindungsstück zwischen Dänemark und Schweden gesperrt werden. Alles steht still!

Zugegeben, es war nur ein Thriller, der den Dänen und Deutschen Angst machen sollte. Bei den Dänen hat das funktioniert – und das nicht nur wegen der Leiche. Für die Einheimischen ist der Gedanke an eine Sperrung ihres Millenniumbauwerks furchtbar, denn mittlerweile sind beide Länder extrem abhängig von dieser Konstruktion. Die Brücke ist nicht nur eine Brücke, sie bestimmt das Leben der Pendler, macht Politik und verrät unfassbar viel über den wirtschaftlichen Zustand der beiden Länder. Darf ein solches Bauwerk so viel Macht besitzen und derart abhängig machen?

Harte Fakten

Obwohl Kopenhagen und Malmö nur 40 Kilometer voneinander entfernt liegen, war der Weg von Dänemark nach Schweden immer recht beschwerlich. Bereits 1991 beschlossen die Anrainerstaaten deshalb ein gemeinsames Bauprojekt. Kopenhagen und Malmö bilden den Kern der Öresundregion, und aus diesem Grund sollte zwischen den beiden Großstädten eine Brücke entstehen, auch wenn die Entfernung der beiden Länder an anderen Punkten geringer ist. Noch dazu befindet sich in Kopenhagen der größte Flughafen Skandinaviens, die perfekte Anbindung also. Diese Tatsache wurde für die Brückenbauer allerdings zum Problem. Der Flughafen liegt so nah am Wasser und damit an der damals zu planenden Brücke, dass diese in jedem Fall den Flugverkehr gestört hätte. Die Planer fanden eine raffinierte Lösung: Aus Schweden erhebt sich die Brücke über das Wasser und verschwindet Richtung Dänemark einfach im Meer. Im Erdreich verläuft sie als Tunnel weiter und taucht erst kurz vor dem Kopenhagener Flughafen wieder auf.

Ab Ende 1995 wurde der Öresund damit zu einer riesigen Baustelle. Es wurde ein vier Kilometer langer Tunnel unter das Meer gelegt, eine künstliche Insel aufgeschüttet, eine über 1.000 Meter lange Hochbrücke errichtet, und natürlich durfte auch der Schienenstrang für den Zugverkehr nicht fehlen. Am Ende mussten fast 16 Kilometer von Küste zu Küste überbrückt werden, ein absolut faszinierendes und wegweisendes Mammutprojekt. Nach diversen Pannenflughäfen und Bahnhöfen in Deutschland dürfen Sie raten, wie lange die Schweden und Dänen für dieses Projekt gebraucht haben. Zehn Jahre? 15 Jahre? Nein, viereinhalb Jahre nach dem ersten Baggeraushub wurde die Öresundbrücke im Jahre 2000 von der dänischen Königin und dem schwedischen König eröffnet. Was bleibt, sind beeindruckende Zahlen. Gesamtlänge: 7.845 Meter; längste Stützweite: 490 Meter; lichte Höhe: 57 Meter; Kosten: 2 Milliarden Euro. 19.000 Kraftfahrzeuge und 200 Eisenbahnzüge passieren im Schnitt jeden Tag die Öresundbrücke.

Aus der Luft gesehen ist das Bauwerk ein großartiger Hingucker, und die Brücke zu passieren ist definitiv ein Erlebnis. Die Dänen wissen eben genau, was sie tun, wenn sie Brücken und Tunnel bauen. Als Inselreich entwickelten sich die Nordlichter über Jahrhunderte zu einer richtigen Brückenbauer-Nation. Weltweit entstehen deshalb immer mehr dänische Brücken und Tunnel, die einen Rekord nach dem anderen brechen.

Der große Einfluss der Brücke auf Politik und Wirtschaft wurde erst einige Zeit nach der Eröffnung deutlich. Jedes dritte Fahrzeug und sogar 60 Prozent der Bahnfahrer auf der Brücke sind Pendler. Die Konstruktion ist damit der zentrale Nervenstrang der Wirtschaft und hat sich im Laufe der Jahre zum ökonomischen Messinstrument entwickelt. Auf der schwedischen Seite der Brücke befinden sich Mautstellen, die registrieren, wie viele Autos in welche Richtung fahren. Der Verkehr spiegelt die wirtschaftliche Lage der beiden Länder wider. Als im Jahr 2000 die Mietpreise in Kopenhagen rasant anstiegen, zogen viele Dänen auf die andere Seite der Brücke. Als die Arbeitsplätze in Dänemark attraktiver wurden als in Schweden, zog es wiederum eine Vielzahl der Schweden nach Kopenhagen – die Brücke macht das Pendeln ohne Probleme möglich. Und sie ermöglicht den Dänen, günstiger einzukaufen als zu Hause: Nach 15 Minuten Brückenüberquerung können sie ihre Einkaufstüten in Malmö füllen.

Der Region um die Brücke werden in den nächsten 30 Jahren goldene Zeiten vorausgesagt, erwartet wird ein Zuzug von mehr als einer Million Menschen. Die Schweden und Dänen wachsen dort zusammen, haben sich ein gemeinsames Denkmal gesetzt – und sich zeitgleich sehr abhängig gemacht.

Auch die Verbindung zwischen Dänemark und Deutschland soll übrigens verbessert werden. Der Bau der Fehmarnbeltquerung (ein Absenktunnel) wird seit

Jahren akribisch geplant und dürfte bei erfolgreicher Umsetzung einzigartig sein. Kritische Stimmen gab es vermehrt aus Deutschland; die bauwütigen Dänen können die Umsetzung des Projekts vermutlich kaum erwarten.

DÄNEMARK IST DAS LAND DER APOTHEKEN-MUFFEL

24
Medikamente

Stellen Sie sich vor, Sie haben sich einen fiesen Magen-Darm-Virus eingefangen oder werden von einer schmerzenden Blasenentzündung heimgesucht. Es ist Mittwoch, und Sie wollen unbedingt am Wochenende zur Hochzeit ihrer besten Freunde. Ihr Hausarzt hat Ihnen Medikamente verschrieben, und Sie müssen diese trotz Ihrer Beschwerden in der nächsten Apotheke abholen. So weit, so ätzend. Noch schlimmer wird es, wenn die nächste Apotheke ein paar Städte weit entfernt ist.

Gerade für einen Deutschen dürfte dieses Szenario schwer vorstellbar sein, immerhin kommen in

Deutschland auf 100.000 Einwohner 25 Apotheken – damit dürfte fast jeder eine Filiale in seiner Nähe haben. Ein Engpass entsteht höchstens in der Nacht, wenn nur noch die Notfallapotheken die heilenden Wundermittel ausgeben. In Dänemark dagegen mussten sich bis 2014 ca. 17.000 Menschen eine Apotheke teilen, dort kamen nämlich auf 100.000 Einwohner nur rund 6 Filialen. Damit war das skandinavische Land in dieser Hinsicht Schlusslicht in Europa. Die Dänen waren – und sind noch immer – richtige Apotheken-Muffel.

Außerdem verwenden die Nordlichter das Wort »krank« nur bei wirklich schlimmen Krankheiten. Sollten Sie sich also mit einer Grippe herumquälen, sind Sie nicht krank. Sie sind erkältet oder haben eben eine Grippe – und vor allem werden Sie es überleben.

Gut zu wissen

Wer in Dänemark krank ist (oder eben erkältet) und deshalb nicht zur Arbeit kann, meldet sich telefonisch bei seinem Chef ab, verzichtet aber oftmals auf eine Krankschreibung. Die kränkelnden Mitarbeiter genießen das absolute Vertrauen ihrer Vorgesetzten und besuchen ihre Arbeitsstelle erst wieder, wenn sie wirklich wieder fit, auskuriert und nicht mehr ansteckend sind. Der Arbeitgeber muss das ärztliche Attest ausdrücklich verlangen, und das tun überraschenderweise die wenigsten Bosse. Der Grund dahinter ist simpel: Krankschreibungen und die damit verbundenen Atteste sind in Dänemark kostenpflichtig und teuer, die Kosten trägt der Arbeitgeber. Hohe Kosten oder Vertrauen in die Ehrlichkeit der Mitarbeitenden? Die Dänen haben sich für Letzteres entschieden.

In Dänemark würde Sie sowieso kein Hausarzt wegen eines grippalen Infekts in die Apotheke schicken, ebenso wenig wie Ihr Arbeitgeber eine Krankschreibung erwartet. Warum also überhaupt zum Arzt? Für die Dänen heißt die Devise: »Der Körper hilft sich schon selbst!« Mit pharmazeutischen Mittelchen nachzuhelfen, um so Gesundheit zu erzwingen, ist in Dänemark undenkbar und würde keine Befürworter finden. Eine Krankheit wird auskuriert, und auch Fieber ist kein Grund für einen Arztbesuch, sondern eine natürliche Reaktion des geschwächten Körpers. Richtige Wikinger sind sie, die Dänen.

Aber

Sie müssen sich dennoch keine Sorgen um Ihre medizinische Versorgung im Dänemark-Urlaub machen. In den Jahren 2015 und 2016 gab es eine Filialexplosion, und seitdem stehen 25 Prozent mehr Apotheken zur Verfügung als vorher. Damals entschied das dänische Parlament einstimmig das Apotheken-Modernisierungsgesetz. Durfte bis dahin ein Apotheker nur vier Filialen eröffnen, sind es mittlerweile sieben. Diese Filialen dürfen maximal 75 Kilometer von der Hauptapotheke entfernt sein. Von der Planung bis zur Umsetzung dieser Modernisierung hat es ganze drei Jahre gedauert, erste Überlegungen gab es bereits 2012. In Dänemark gibt es nun immer mehr Filialapotheken, und nicht in jeder muss ein Pharmazeut vor Ort sein. Die meisten Neueröffnungen finden allerdings rund um die großen Städte statt, für die Landbevölkerung ist die Menge an Apotheken weiter sehr übersichtlich. Darum gibt es hier einen Apotheken-Dienst, der die Medikamente nach Hause liefert.

FRISS ODER STIRB – DÄNISCHES LAKRITZ!

25
Süßigkeiten

An Lakritz scheiden sich die Geister. Die einen lieben es, die anderen hassen es, dazwischen gibt es meistens nichts. Wenn Sie allerdings zu denen gehören, die den Geschmack der Süßholzwurzel nicht mögen, dann ist Dänemark sicherlich kein Schlemmerparadies für Sie. In den skandinavischen Ländern liebt man nämlich Lakritz, und es ist gar nicht so einfach, der schwarzen Süßigkeit aus dem Weg zu gehen. Gerade die gemischten Weingummibeutel in den Supermärkten enthalten immer Lakritz. Darüber hinaus gibt es Lakritz-Wodka, Lakritz-Sirup, Lakritz-Eis, Lakritz-Streusel für das Lakritz-Eis, Lakritz-Pulver zum Auflösen im Wasser oder als Gewürz für Speisen, es gibt salziges Lakritz, super salziges Lakritz, Lakritz mit Karamell, reines Lakritz, Lakritz mit Schokolade, Lakritz mit Anis, Lakritz mit Ingwer, Lakritz mit Frucht, süßes Lakritz, Lakritz mit Minze, Salmiaklakritz, Lakritz mit Chili und Pfeffer, Lakritz-Ketchup und -Remoulade, Lakritz-Eistee, Chips mit Lakritz-Geschmack, Cupcakes mit Lakritz, und die Schweden feiern sogar ein Lakritz-Festival.

Natürlich werden Sie irgendwo auch eine Packung normale Gummibärchen finden, der Preis dürfte Sie allerdings umhauen. Vielleicht werden Sie ja doch noch zum Lakritz-Liebhaber. Die Nachfrage regelt nun mal das Angebot, und die Dänen sind verrückt nach ihrem Lakritz. Diese Leidenschaft teilen allerdings nur die Skandinavier und die Holländer. Während in Österreich, der Schweiz, England und Deutschland zumindest ab und zu zum Lakritz gegriffen wird, verbindet der Rest der Welt den Geschmack des Süßholzes eher mit Medizin.

Tatsächlich liegt der Ursprung des Lakritz in der Medizin. Schon die Römer nutzten den Saft der Wurzel des Süßholzstrauches gegen Husten. Das Sekret der Pflanze wirkt schleimlösend und auswurffördernd. Selbst Leberleiden sollen mit einem Lakritztee gelindert werden. Im 18. Jahrhundert machte ein britischer Apotheker dann durch die Zugabe von Zucker, Mehl und Kartoffelstärke aus der ursprünglichen Medizin eine Süßigkeit.

Vorsichtig sollten allerdings Schwangere oder Menschen mit Bluthochdruck sein, in großer Menge kann Lakritz für sie gesundheitsgefährdend sein. Die Dänen scheinen sich davon nicht beeindrucken zu lassen. Acht Kilogramm Süßes verspeisen sie pro Kopf und Jahr. Noch führt Schokolade das Ranking an, doch auf Platz zwei folgt das Lakritz: Ganze 2,5 Kilo stehen bei den Dänen jedes Jahr auf der Speisekarte.

Aber

Wie sollte es anders sein, ausgerechnet ein Däne versucht mit seinem ausgefallen Lakritz-Sortiment auch Deutschland zu erobern – und ist damit äußerst erfolgreich. Johan Bülow startete vor über 10 Jahren eine junge und hippe Lakritz-Manufaktur, die heute Millionen umsetzt und auch die Nachbarländer auf den Geschmack gebracht hat. Bülow verwendet für sein Lakritz Reis- statt Weizenmehl, verzichtet auf eine Riesenauswahl und besticht durch das edle Design seiner Lakritz-Dosen. Den hohen Preis von über fünf Euro pro Dose rechtfertigt der Hersteller mit außergewöhnlichen Geschmacksrichtungen und der Qualität der Zutaten. Der Erfolg gibt dem lakritzverliebten Dänen recht, trotz der gepfefferten Preise. Sein Produkt gibt es nicht nur in Feinkostgeschäften, sondern auch an Flughäfen, in Hotel-Lobbys oder in Modegeschäften.

DIE DÄNEN HABEN SCHMERZHAFTE ERZIEHUNGSMETHODEN

26

Pädagogik

Stellen Sie sich vor, Ihr anderthalbjähriger Nachwuchs läuft mit wackeligen Schritten durch den Garten des Nachbarn, entdeckt einen Baumstumpf und beginnt an diesem herumzuklettern. Dabei rutscht sie/er immer wieder ab, versucht es aber weiter und möchte unbedingt bis nach oben kommen, um sich auf den Stumpf zu setzen oder besser noch zu stellen. Wie reagieren Sie?

A) Sie greifen ein, schimpfen, dass sie/er sich verletzen könnte und aufhören soll.

B) Sie gehen zu Ihrem Kind und setzen es auf den Stamm, der sicherere Weg.

C) Sie lassen Ihren Nachwuchs machen, beobachten weiter und riskieren so einen Sturz oder Wunden.

In Dänemark würden vermutlich alle Eltern C ankreuzen und ihr Kind sogar dazu ermutigen, dass es sich auf den Stumpf stellt. Die dänischen Kinder genießen unfassbar viel Vertrauen und dürfen sich ausprobieren. Dazu gehört aber auch, dass sie einmal mehr fallen und nicht aufgefangen werden. Nur so lernen die Kids, was funktioniert und was nicht. Auch in den Kinderbetreuungseinrichtungen wird so verfahren.

Bereits vor der Geburt beginnt der lockere Umgang mit dem Nachwuchs in spe. In neun Monaten Schwangerschaft gibt es in Dänemark genau zwei Ultraschalltermine, und auch kurz vor der Entbindung sieht die Hebamme nur ab und zu nach dem Rechten. Die Dänen sind sich einig, dass mehr Kontrolle keinen Nutzen für die Gesundheit des Babys bringt. Mehrere Kontrolltermine im Monat sind daher undenkbar.

Dänische Frauen beschäftigen sich auch viel weniger mit den strengen Essensregeln in der Schwangerschaft, sie machen weiter Sport, heben Sachen und lassen die Schwangerschaft parallel zum Alltag laufen. Nach der Geburt gehen die Mütter meist direkt nach Hause und bleiben nicht im Krankenhaus. Während in vielen Ländern die Babys in Schlafsäcken schlafen und Bettdecken oder Kissen weitgehend verpönt sind, verschwinden die Neugeborenen in Dänemark in ihren

Kinderwagen fast völlig unter einem Tücher- und Deckenberg.

Praxistipp

Diese sechs Punkte machen die dänische Erziehung so besonders:

1. Dänische Eltern sind ehrlich: Filme und Märchen aus dem skandinavischen Land haben nur selten ein Happy End. Auch in der Erziehung der Kids wird nicht alles schöngeredet, diese sollen von Anfang an die Realität kennenlernen. Lob gibt es nur für wirklich lobenswerte Sachen und nicht ständig und im Überfluss.
2. Dänische Eltern lehren Optimismus: Sich über das Wetter ärgern oder über andere Dinge, die man weder ändern noch beeinflussen kann? Nicht in Dänemark. Bei der Erziehung der Kinder werden optimistisches Denken und positive Kommentare vermittelt. Schlechtes Wetter ist kein Grund für schlechte Laune, das Leben ist schön.
3. Empathie spielt eine große Rolle: Selbst in der Schule steht Empathie auf dem Lehrplan. Mithilfe von Fotos verschiedener Menschen und ihrer Gefühlslage werden schon die Kleinsten mit der menschlichen Mimik vertraut gemacht. Sie erlernen Mitgefühl, einen besseren Umgang untereinander und verstehen es, leichter Beziehungen aufzubauen.
4. Es gibt keine Ultimaten: Den Wunsch nach bedingungsloser Hörigkeit der Kinder ihren

Eltern gegenüber gibt es nicht. Der Nachwuchs genießt von Beginn an viel Vertrauen und darf sich ausprobieren. Die Eltern behandeln ihre Kids mit jenem Respekt, den sie auch selbst von ihnen verlangen. Statt Ultimaten gibt es Hilfsbereitschaft und Geduld.

5. Zeit für die Familie: Die Dänen sind sich sicher, dass gemeinsame Zeit der Schlüssel für eine glückliche Kindheit ist. Statt dem Ich zählt das Wir, und die Familie steht über allem. Dabei ist es nicht wichtig, welchen Aktivitäten man nachgeht, sondern dass man gemeinsam etwas unternimmt.
6. Spielen lassen: Klingt simpel, fällt den meisten Eltern aber sehr schwer. Die Dänen lassen ihre Kinder einfach spielen. Keine durchgeplanten Nachmittage mit Sportverein, Nachhilfe oder Besuch bei den Großeltern. Die Kids können sich ihre Freizeit selbst einteilen und tun, worauf sie Lust haben.

Die Dänen verbringen ihre Freizeit zwar am liebsten mit ihrem Nachwuchs, verfolgen aber zugleich die eigenen Interessen. Bereits ein paar Wochen nach der Geburt geht es für viele Mütter zum Baby-Pilates oder ins Baby-Kino. Natürlich schaut ein Neugeborenes noch keine Kinofilme, seine Eltern schon. In den Baby-Kinos kann man die Kleinen im Wagen vor dem Kinosaal stehen lassen und bekommt dort eine Nummer. Während sich die Eltern oder die Muttergruppe am Vormittag bei einem guten Film ein bisschen Ruhe gönnen, passen ehrenamtliche Senioren auf die schlafenden Babys auf. Wird einer der Säuglinge wach und verlangt nach der Mutter oder hat Hunger, wird im Kinosaal die Nummer ausgerufen, und ein Elternteil kümmert sich um das Kind. Natürlich darf im Kinosaal auch gestillt werden.

Ähnlich läuft es beim Pilates. Während sich die Mamas die Babypfunde abtrainieren, schlafen die Säuglinge vor dem Studio in ihren Kinderwagen, natürlich mit Babyfon daneben. Wenn gerade keine Schlafenszeit ist, hat die Trainerin das Baby in der Trage oder einem Tragetuch am Bauch, und Mama kann in Ruhe weitertrainieren. Sollten mehrere Babys gleichzeitig rebellieren, können die Mütter auch mit den Kleinen zusammen trainieren oder diese zur Bespaßung in die Kinderecke mitten im Raum legen.

Haben Sie sich schon immer die Kindergartengruppe Ihres Kindes zu sich nach Hause gewünscht? Nein? Die Dänen schon. Jedes Jahr zum Geburtstag des Kindes wird nicht nur in der Kita gefeiert, sondern die komplette Gruppe samt Erzieherin kommt zudem zum Geburtstagskind nach Hause. Dort wird dann gemeinsam gespielt, gegessen und gefeiert. Nach einem abwechslungsreichen Nachmittag verschwindet die Rasselbande wieder. Ein unglaubliches Plus für das Zusammengehörigkeitsgefühl, aber auch ein ebenso großes Minus für die Nerven der Gastgeber-Mutter.

Harte Fakten

In Dänemark herrscht derzeit ein wahrer Baby-Boom. Seit 2013 ist die Geburtenrate um zehn Prozent gestiegen. Ein Grund dafür soll eine Werbekampagne sein. Vor 2013 ging die Zahl der Geburten immer weiter zurück, als hätten die Dänen die Lust am Kinderkriegen verloren. Darauf reagierte ein dänischer Tourismuskonzern mit einer Sex-Kampagne. Auch die Stadt Kopenhagen sagte dem Geburtentief den Kampf an und rief zum Kindermachen auf. Seitdem geht es steil bergauf. Mittlerweile werden wieder 1,71 Kinder pro Frau geboren. Zum Vergleich: In Deutschland sind es 1,5, in der Schweiz 1,46 und in Österreich 1,49 Kinder pro Frau.

DIE DÄNEN HABEN EINE FLAGGENMACKE

27

Nationalstolz

Ein weiteres Ranking, in dem die Dänen vermutlich einen der ersten Plätze belegen würden, wäre eines zum Thema Nationalstolz. Die geringe Fläche des Landes wird durch den enormen dänischen Nationalstolz wettgemacht. Für Gäste und Außenstehende ist das erschlagend auffällig und eindringlich. Denn nicht nur auf Flaggen, Fahnen, Girlanden und Wimpeln erstrahlt jeder Zentimeter des Landes in Rot-Weiß.

Harte Fakten

Die dänische Flagge wird Dannebrog (Flagge der Dänen) genannt. 2019 feierte der Dannebrog 800-jähriges Bestehen und ist damit die älteste unveränderte Flagge der Welt. Das skandinavische weiße Kreuz in der Mitte symbolisiert die Zugehörigkeit Dänemarks zur nordischen Völkerfamilie. Zur Entstehung und Herkunft der Flagge gibt es zwei Geschichten. Laut der einen hissten die Wikinger als Zeichen ihrer Anwesenheit ein rotes Tuch mit dem Namen Dannebrog, laut der anderen fiel die Nationalflagge während der Schlacht von Lyndanisse 1219 vom Himmel und ist damit ein Geschenk Gottes.

Stellen Sie sich vor, Sie haben Geburtstag, und die komplette Nachbarschaft und jeder, der an Ihrem Haus vorbeifährt, weiß darüber Bescheid. So geht es den Dänen ständig, dank ihrer Beflaggungsmacke. Zu jedem Geburtstag wird der Weg vor dem Haus mit Papierfähnchen ausgestattet oder ein kleiner Fahnenträger aus Holz vor die Tür gestellt. So ist es unmöglich zu übersehen, dass an diesem Tag Geburtstag gefeiert wird. Kein Nachbar wird ohne ein freundliches *Tillykke* (auf Deutsch: Herzlichen Glückwunsch) vorbeigehen, wenn er eines der Familienmitglieder zu Gesicht bekommt. Dabei ist es egal, ob es sich um das Geburtstagskind oder die Verwandtschaft handelt. Gibt es in der Familie einen Jubilar, wird auch der Rest der Verwandtschaft beglückwünscht.

Warum Sie

IMMER

wieder nach

DÄNEMARK

reisen sollten

1 weil in Dänemark die zweit **glücklichsten Menschen der Welt** leben (nachweislich),

2 weil in Dänemark kein Ort weiter vom **Meer** entfernt ist als 50 Kilometer,

3 weil mehr ***hygge*** jedem von uns guttun würde,

4 weil Sie in Dänemark **keinen Mann zum Kinderkriegen** brauchen,

5 weil **Skype** eine dänische Erfindung ist,

6 weil die **Neujahrsansprache der Königin** ein Straßenfeger ist,

7 weil es in Dänemark die schönsten und fluffigsten **Zuckerwattewolken** gibt,

8 weil der **Tivoli-Park** mehr als ein gewöhnlicher Freizeitpark ist,

9 weil die **dänische Sprache** äußerst erheiternd ist,

10 weil es keine Nation gibt, die noch lieber und häufiger **Fahrrad** fährt,

11 weil in Kopenhagen eine der modernsten und **besten Metros** weltweit fährt,

12 weil Sie in Dänemark nach Lust und Laune **Ihren Namen ändern** können,

13 weil Dänemark im digitalen Bereich ein absoluter **Vorreiter** ist,

14 weil die Dänen kaum **gastfreundlicher** sein könnten,

15 weil die Dänen **Lego** erfunden haben,

16 weil die Uhren in Dänemark **langsamer ticken**,

17 weil die Geschäfte in Dänemark auch **sonntags geöffnet** haben,

18 weil Sie in Dänemark **kein schönes Auto** fahren müssen,

19 weil die dänische **Natur** beeindruckend und einzigartig ist,

20 weil Dänemark sofort **entschleunigt**, sobald Sie die Ländergrenze passieren,

21 weil kaum ein Land so **stolz auf die eigene Flagge und Währung** ist wie Dänemark,

22 weil Dänemark das Paradies für alle **Lakritz**-Fans ist,

23 weil Sie in Dänemark jeden **duzen** dürfen,

24 weil die Dänen noch **echte Wikinger** sind,

25 weil Sie das kleine Land in wenigen Stunden mit dem Auto **durchqueren** können,

26 weil die Dänen **Überstunden meiden**,

27 weil in Dänemark das Wasser **aus dem Wasserhahn getrunken** wird,

28 weil die Dänen **Kinder lieben** und bei der Erziehung Vorbilder sind,

29 weil die Dänen das beste **Softeis** der Welt produzieren,

30 weil die **Olsenbande** unser Leben lustiger gemacht hat,

31 weil sich Dänen nicht stressen lassen und eine angenehme **Ruhe ausstrahlen**,

32 weil die dänische Hauptstadt Kopenhagen ein **Architektur**-Phänomen ist,

33 weil Dänemark ein volksnahes und modernes **Königshaus** hat,

34 weil Sie sich in Dänemark **sicher fühlen** können,

35 weil die Dänen **perfekt englisch** sprechen,

36 weil in Dänemark **keiner über dem anderen** steht,

37 weil **Hans Christian Andersen** unvergesslich schöne Märchen schrieb,

38 weil es in Dänemark an jeder Ecke **Chai Latte** gibt,

39 weil die **Nähe zum Meer** glücklich macht,

40 weil Kopenhagen die **grünste Hauptstadt Europas** ist,

41 weil die Dänen ein **fußballverrücktes Völkchen** sind,

42 weil die **Sonne im Sommer** endlos zu scheinen scheint,

43 weil für die Dänen nichts wichtiger ist als **Familie und Freunde**,

44 weil es in Dänemark **jeden Freitag Süßigkeiten** gibt,

45 weil die Dänen **fürs Studieren bezahlt** werden,

46 weil Sie nirgends unkomplizierter **heiraten** können,

47 weil die Dänen immer **ein Lächeln auf den Lippen** haben,

48 weil Sie sich nirgends unkomplizierter **scheiden lassen** können,

49 weil die dänischen **Strände endlos** sind,

50 weil die Dänen lieber **auf sich statt auf den Nachbarn** schauen,

51 weil Sie durch das **Nacktbaden im Winter** abgehärtet werden,

52 weil die Dänen **zufrieden und genügsam** sind,

53 weil die Dänen äußerst **modebewusst** und ein optisches Highlight sind,

54 weil in Dänemark die **glücklichsten Kinder** leben,

55 weil sich Dänemark wie **nach Hause kommen** anfühlt.

Auf der Geburtstagstafel finden sich Pappteller und Servietten mit der dänischen Flagge, rot-weiße Becher und Papierschlangen und natürlich Tischflaggen wieder. Auch über eine Torte in Flaggenform wundert sich hier niemand, bei Firmenfeiern beispielsweise wird diese oft aufgetischt. Mit Hilfe solcher Dekorationsideen wird jeder Geburtstag zu einem rot-weißen Erlebnis, und niemandem entgeht die große Feierlichkeit. Natürlich werden die Jubeltage der Königsfamilie besonders beflaggt. An diesen Tagen sind sogar die Busse mit kleinen Flaggen am Dach geschmückt, damit sich alle mitfreuen können.

Ein ähnliches Bild bietet sich Ihnen, wenn Sie Ihre dänischen Freunde in ihrer Heimat besuchen. Wenn Sie nach dem Flug das Terminal freudestrahlend mit Ihrem Gepäck verlassen, werden Sie Ihren Augen nicht trauen, wenn Sie im Abholbereich das Meer aus dänischen Papierfähnchen entdecken. Egal, ob Freunde, Familie oder Gäste – wenn die Dänen Besuch am Flughafen abholen, packen sie ihre Fähnchen ein und schwenken diese wie wild, sobald sie die Ankömmlinge entdeckt haben. Eine Freude, Ehre und ein Luxus, an den Sie sich als Gast schnell gewöhnen könnten. Seien Sie aber bitte nicht sauer, wenn Ihnen das in Europa sonst eher selten passiert oder wenn Sie am Flughafen schräg angesehen werden, weil Sie als einziger Abholer mit der deutschen, schweizerischen oder österreichischen Flagge herumwedeln.

Eines dieser Papierfähnchen kann Sie übrigens auch vor Ihrer Eingangstür erwarten, wenn Sie aus dem Urlaub wiederkommen. Ihre Nachbarn, Familie oder Freunde drücken damit aus, dass sie sich über Ihre Rückkehr freuen.

Doch ebenso verwirrend, verrückt und einzigartig wie diese unbändige Liebe zur eigenen Flagge sind die Regeln zu deren Gebrauch. Wenn Sie sich bei den Dänen nicht schrecklich unbeliebt machen wollen, sollten Sie folgende Regeln unbedingt beachten: Neben der normalen Nationalflagge gibt es die Flagge der Königin (diese unterscheidet sich durch einen dreieckigen Einschnitt und das königliche Wappen) und Wimpel (schmale dreieckige Fähnchen). Eine Regel besagt, dass die Flagge nicht bestickt sein oder ein Logo tragen darf. Bei Sonnenaufgang wird die Nationalflagge gehisst und bei Sonnenuntergang wieder eingeholt, sagt das nächste Flaggengesetz. Anders ist es bei den Wimpeln (die auch an Fahnenmasten befestigt sein dürfen und teilweise so lang sind wie dieser selbst), diese dürfen rund um die Uhr 365 Tage im Jahr gehisst bleiben. Sie zeigen eigentlich nur an, dass das Haus bewohnt ist, und stehen in den Gärten der Besitzer.

Der Einsatz der Flagge dagegen ist etwas Besonderes. Halbmast darf diese bei Todesfällen und Trauertagen hängen, dabei wird sie erst ganz gehisst und dann bis zur Mitte runtergelassen. Dass sie bestimmte Maße einhalten muss und die Proportionen zum Fahnenmast passen müssen, ist selbstverständlich. Ebenso wie die Tatsache, dass sie mithilfe eines bestimmten Knotens befestigt wird und beim Einholen niemals den Boden berühren darf. Und natürlich darf man beim Flaggen niemals eine Mütze tragen. Außerdem sollte ein Flaggenmast nie leer stehen (sondern als Alternative einen Wimpel haben), und ausgeblichene Flaggen müssen umgehend ausgewechselt werden.

Aber keine Angst, für all diese Regeln und Vorschriften gibt es eine 64 Seiten lange Anleitung zum Flaggengebrauch. So kann sich jeder genau belesen, welcher Anlass welche Flagge erfordert und welche Fettnäpfchen Sie beim Beflaggen dringend vermeiden sollten. Wer sich mit diesem Thema nicht so intensiv befassen möchte, sollte es beim Begrüßungsfähnchen am Flughafen belassen – bei Flaggenfehlern verstehen die Dänen keinen Spaß!

Aber

Auch wenn der dänische Nationalstolz in anderen Ländern befremdlich wirken könnte, hat die Liebe zur Flagge und den Nationalfarben in Dänemark absolut nichts Anstößiges oder Provozierendes. Es geht nicht darum, etwas zu beweisen, vorzuführen oder gar zu provozieren. Diese Traditionen werden seit Jahrhunderten zelebriert und dienen vor allem der Nächstenliebe und der Verbundenheit zur Geschichte des Landes. Mit Sicherheit wären die dänischen Kids wahnsinnig enttäuscht, wenn sie am Geburtstagsmorgen plötzlich keinen kleinen Fahnenträger und keine Papierflaggen vor dem Haus vorfinden würden. Große Nationalfeiertage ohne Dannebrog? Undenkbar. Auch mir würde etwas fehlen, wenn ich am dänischen Flughafen auf mein Meer aus Flaggen verzichten müsste. Nirgendwo auf der Welt fühlt man sich nach der Landung so willkommen, ob als Däne oder als Ausländer.

FÜR DIE DÄNEN TAUGEN SIE NICHTS!

28

Gemeinschaftssinn

Wie würden Sie reagieren, wenn Ihnen Ihr Gegenüber folgende Sätze an den Kopf wirft: »Du sollst nicht glauben, dass du etwas Besonderes bist. Du sollst nicht glauben, dass du uns ebenbürtig bist. Du sollst dir nicht einbilden, dass du klüger bist. Du sollst nicht glauben, dass du mehr wert bist als wir. Du sollst nicht glauben, dass du zu etwas taugst. Du sollst nicht glauben, dass sich irgendjemand um dich kümmert«? Das sind nur sechs von zehn haarsträubenden Geboten des sogenannten Janteloven, des Jante-Gesetzes. Diese Aussagen kommen erschreckend sektenähnlich daher. Selbstwertgefühl ade.

Dänemark ist flach, der höchste Punkt liegt auf 170 Metern, noch flacher sind hier nur die Hierarchien. Das Motto »Alle sind gleich« wird Ihnen in diesem Buch immer wieder begegnen und gehört neben *hygge* (siehe Kapitel 10, S. 55) zu den wichtigsten Grundeinstellungen und Überzeugungen der Dänen. Das Duzen, die lockere Kleidung im Büro und das ständige Begegnen auf Augenhöhe sind auf das Jante-Gesetz zurückzuführen, und irgendwie scheinen nur die Skandinavier darauf zu stehen.

Hervorragende Leistungen eines Einzelnen waren in Dänemark früher nicht gern gesehen, nahezu verpönt. Das Gemeinschaftsdenken dominierte alles. So wurden beispielsweise erfolgreiche Sportler oder berühmte Schauspieler bis zu einem gewissen Grad gehypt, doch wenn Erfolg und Ansehen nach dänischem Ermessen zu groß wurden, wurde die Person fallengelassen oder geerdet. Plötzlich suchten die Medien verbissen nach den schlechten Seiten des Stars. Diese Fehler oder vergangenen Fehltritte sollten das Idol wieder menschlicher und nahbarer wirken lassen. Nur so waren wieder alle gleich – gleich verletzlich und mit Ecken, Kanten und Fehlern.

Gut zu wissen

Das Jante-Gesetz ist eine Erfindung des dänischen Schriftstellers Aksel Sandemose. Sein Roman *Ein Flüchtling kreuzt seine Spur* erschien 1933. In diesem Werk beschreibt der dänisch-norwegische Schriftsteller das kleingeistige Milieu einer dänischen Kleinstadt mit dem Namen Jante und den damit verbundenen Anpassungsdruck der dort lebenden Menschen. »Ausgangspunkt des Janteloven war zunächst eine Kleinstadtmentalität, eine Gesellschaft, in der jeder jeden kontrolliert, in der das kollektive Ganze das Individuelle erstickt, in der der Preis für die Freiheit eines einzelnen Menschen im Ausgestoßensein besteht«, schreibt der norwegische Autor Karl Ove Knausgård über das Werk seines Kollegen Sandemose. Doch die Auswirkungen des Gesetzes gingen weit über das hinaus, worauf Aksel Sandemose damals so exakt mit dem Finger zeigte. »Es galt für eine ganze Kultur, die skandinavische Kultur, die noch immer intakt war, als ich in den 70er-Jahren aufwuchs«, schreibt Knausgård weiter und ergänzt: »Es gab durchaus berühmte Menschen, berühmte Musiker und Sporthelden, die von allen verehrt wurden, und es gab das Königshaus. Aber all diesen von der Gesellschaft Erhöhten war gemeinsam, dass sie Wert darauf legten, so zu sein wie alle anderen. Sie waren anspruchslos, bescheiden und volkstümlich, weder hochnäsig noch arrogant – sie tappten mit anderen Worten niemals in die Falle zu glauben, etwas Besonderes zu sein. Sehr genau achteten sie darauf zu zeigen, wie gewöhnlich sie waren.«

Keiner ist mehr wert oder besser als der andere. Wer sich daran nicht hielt, hatte es schon damals schwer in den skandinavischen Ländern.

Janteloven predigt Bescheidenheit und bedeutet letztlich die moralische Unterdrückung von Menschen, die herausragend sind, außergewöhnliche Leistungen bringen und nach Höherem streben. Sicher ist eine Gleichheit der Menschen für die Gemeinschaft gut, Neid kommt nicht mehr vor. Allerdings wird die Entfaltungsmöglichkeit des Individuums stark unterdrückt. Du darfst nicht der Beste in der Schule sein, du darfst kein außergewöhnliches Fußballtalent besitzen, und falls doch, darfst du es keinem verraten und solltest dich bescheiden geben. Du darfst auch nicht über den anderen stehen, obwohl du der Chef bist und dein Kopf rollt, wenn du falsche Entscheidungen triffst. Entschieden wird zusammen, in der Gemeinschaft, aber untergegangen allein? Janteloven bedeutet zudem, nicht mehr leisten zu müssen als die anderen, warum sich also mehr anstrengen als nötig? Kein Wunder, dass die Jante-Gesetze außerhalb Skandinaviens kein Gehör fanden.

In den 80er- und 90er-Jahren änderte sich das Bild des Janteloven dann deutlich. 1977 entwickelte der Lehrer und Schriftsteller Poul A. Jørgensen ein positives Janteloven. Seine Version der Gebote stärkt den Selbstwert und sorgt für eine positive Beziehung in der Gemeinschaft. Hier ein paar Beispiele: »Du sollst wissen, dass wir mit dir rechnen. Du sollst wissen, dass wir wissen, dass du Gutes und Wertvolles in dir hast, das wir brauchen. Du sollst wissen, dass wir viel für dich tun würden.« Diese Sätze passen deutlich besser zur heutigen Mentalität der Dänen und ihrem Gemeinschaftsdenken. Die Skandinavier sehen heute erfolgreiche und außergewöhnliche Menschen gern und wissen ihre Qualitäten zu würdigen, dennoch steht nach wie vor das Gemeinschaftsprinzip im Vordergrund.

DÄNISCHE ZOOTIERE FRESSEN, BIS SIE SELBST GEFRESSEN WERDEN

29

Tierparks

Was könnte es Schöneres geben, als einen Tag mit den Kindern im Zoo zu verbringen. Für viele Familien gehören Zoobesuche zu den absoluten Highlights im Jahr. Aber was würden Sie sagen, wenn vor den Augen Ihrer Kinder eine Giraffe zerlegt und den Löwen zum Fraß gereicht wird? Im Zoo von Kopenhagen versteht kaum einer die Aufregung, die dieses Ereignis 2014 vor allem in Deutschland ausgelöst hat.

Das Giraffenkalb Marius wurde damals erst per Bolzenschuss getötet und dann vor den Augen der Besucher zerlegt. Der Gipfel des schlechten Geschmacks war für viele erreicht, als das kerngesunde eineinhalbjährige Kalb an die Raubtiere des Zoos verfüttert wurden. Der leckere Braten dürfte den hungrigen Löwen allerdings wenig später im Halse stecken geblieben sein: Nur ein paar Wochen später wurde die komplette Löwenfamilie (Männchen, Weibchen und ihr Jungtier) ebenfalls getötet. Die drei Löwen wurden daraufhin durch neue Tiere aus anderen Einrichtungen ersetzt.

Die Bilder der Giraffenzerlegung vor Publikum schockierten unzählige Menschen. Für die meisten Zoobesucher ist der Anblick eines blutigen Pferdeschädels bei den Tasmanischen Teufeln bereits zu viel. Nur abgehärtete Gäste fanden vielleicht Gefallen an der detaillierten Beschreibung des Tierarztes beim Zerlegen des Tieres, schließlich bekommt man nicht alle Tage die Möglichkeit, so etwas zu sehen.

Aber

Für die Verantwortlichen im Kopenhagener Zoo sind solche Eingriffe völlig normal und vor allem natürlich. Sowohl bei der Giraffe Marius als auch bei der Löwenfamilie sollte durch die Tötungen Inzest verhindert werden. Der Zoo begründete die Tötung des Giraffenkalbes wie folgt: »Der Tierpark gehört zur Europäischen Zoo- und Aquarienvereinigung (EAZA = European Association of Zoos and Aquaria), für die ein strenges Zuchtprogramm für Giraffen gilt. So dürfen sich nur solche Giraffen paaren, die nicht miteinander verwandt sind. Damit soll die genetische Vielfalt der Population erhalten bleiben.« Demnach hätte Marius in keinem der 300 anderen EAZA-Zoos aufgenommen werden können, weil sein Genmaterial dem der anderen Tiere zu ähnlich war. Eine Kastration wäre laut der Experten deutlich grausamer für das Tier gewesen und hätte unerwünschte Folgen gehabt. Eine Auswilderung in die Natur wäre ebenfalls zu riskant gewesen.

Dass das Fleisch der Zoo-Giraffe dann direkt an die Löwen ging, war für die Verantwortlichen nur ein logischer und natürlicher Schritt. Statt Pferdefleisch vom Schlachthof gab es so Giraffenfleisch aus eigener Haltung. Natürlich hätte der Zoo das Vorgehen auch hinter verschlossenen Türen abwickeln können, jedoch wollte man aus der Herkunft des Fleisches kein Geheimnis machen. Und der Tod gehöre nun mal auch im Zoo zum Leben, so die Verantwortlichen.

Die kerngesunde Löwenfamilie fiel ebenfalls der Inzestfalle zum Opfer. Das Weibchen war zu alt für weiteren Nachwuchs, sodass sich das Männchen mit seinen geschlechtsreifen Töchtern gepaart hätte. Bei einem Austausch des Männchens hätte dieses – wie in der freien Natur üblich – das bereits vorhandene Jungtier getötet. Deshalb wurde die gesamte Löwenfamilie eliminiert und ersetzt.

DER ÜBERAUS UNGESUNDE FREITAG DER DÄNEN

30

Ernährung

Keine Pizza, keine Pasta, nichts Süßes, und Burger sind sowieso verboten – jedenfalls wenn Sie an Ihrem Traumbody arbeiten und ein wahrer Ernährungs- und Fitnessfreak sind. Am sogenannten Cheat Day sind allerdings all diese Verbote aufgehoben. Auf diese Weise soll der, auf gut deutsch gesagt, Fresstag oder Schummeltag den Stoffwechsel und damit die Fettverbrennung ankurbeln. Der Cheat Day ist keine dänische Erfindung, die krassere Version dieses sündigen Tages allerdings schon: der *Fredagsslik*.

Im Gegensatz zum Cheat Day hat der *Fredagsslik* nichts mit Sport oder Fettverbrennung zu tun.

Übersetzen könnte man ihn mit Süßigkeiten-Freitag, Freitagssüßigkeiten oder süßer Freitag. Eine Tradition, die sicher auch in anderen Ländern begeisterte Anhänger finden würde. In Dänemark bekommen schon die Kleinsten den *Fredagsslik* in die Wiege gelegt, denn vor allem Familien zelebrieren diesen Naschtag voller Hingabe und können den Freitag kaum erwarten. Die Tradition ist bereits so alt, dass es kaum möglich ist herauszufinden, welches Leckermäulchen diesen ungesunden Tag ins Leben gerufen hat. Der Ablauf ist seit Jahrzehnten gleich: Jeden Freitag dürfen sich die Kinder für 10 Kronen (1,30 Euro) ihre Lieblingssüßigkeiten im Supermarkt kaufen. Zu Weihnachten etwa Schokoweihnachtsmänner, im Sommer Eis, dazwischen Lakritz, Weingummi, Lakritz und Lakritz (siehe Kapitel 25, S. 116). Die süße Beute wird dann nach Hause gebracht, und die ganze Familie sitzt am frühen Abend zusammen, spielt, redet oder schaut fern (am liebsten die *Disneyshow*) und verspeist dabei die Kalorienbomben. Entweder stehen riesige Schüsseln mit bunt gemischtem Inhalt auf dem Wohnzimmertisch, oder jedes Familienmitglied bekommt seine eigene kleine Schüssel mit den vorher ausgesuchten Errungenschaften, damit es nicht zum Futterneid kommt. Jede Woche wieder.

Mittlerweile gibt jede dänische Familie am Süßigkeiten-Freitag 48 Kronen (6,40 Euro) aus, und das gern und voller Überzeugung. Auf einer Rangliste der Länder mit dem höchsten Süßigkeitenkonsum belegen die Dänen hinter den Finnen einen ungesunden zweiten Platz. Über acht Kilo Süßkram verdrücken die Nordlichter im Jahr, mehr als doppelt so viel wie der Durchschnittseuropäer. Der süße Zahn der Dänen betrifft übrigens nicht nur Süßigkeiten, auch bei Backwaren kennen sie kein Halten. Diese sind in Dänemark deutlich süßer, als es der deutsche Gaumen gewöhnt ist, und haben über der Zuckerschicht gern noch eine Marzipanplatte, bevor eine weitere Zuckerschicht die Geschmacksexplosion abrundet. Sahne darf natürlich auch nicht fehlen. Selbst bei Eis schaffen es die Dänen, durch eben diese Sahne, einen Schokokuss oder Lakritz- oder Zuckerstreusel der Kalorienbombe noch einen draufzusetzen.

Aber die Dänen geloben Besserung. An allen anderen Wochentagen achten sie mittlerweile streng darauf, dass die Kids kaum Süßes essen. Die neue Generation *Fredagsslik* soll bewusster und weniger schlemmen. Auch in Schulen und Kindergärten wurde die Null-Zucker-Politik eingeführt. Außerdem geht es beim *Fredagsslik* um deutlich mehr als Süßigkeiten. Es ist das gemütliche Beisammensein in der Familie, was die Dänen an dieser Tradition festhalten lässt. *Hygge* eben.

Gut zu wissen

Die Dänen wären nicht die Dänen, wenn sie beim wöchentlichen *Fredagsslik* nur an sich denken würden. Über Mobile Pay (siehe Kapitel 12, S. 63) spenden mittlerweile viele Schleckermäuler einmal im Monat ihr Süßigkeitengeld an soziale Projekte oder hungernde Kinder. Eine einfache SMS mit dem Wort »SLIK« an eine vierstellige Nummer genügt, und die 48 Kronen wandern zu Bedürftigen statt in Form von Süßigkeiten auf die eigene Hüfte.

DIE DÄNEN HABEN KEINEN BOCK AUF DEUTSCH

31

Deutsch-dänische Beziehung

Deutschland ist das Exportland Nummer eins für Dänemark, außerdem ein direkt angrenzendes Nachbarland und eines der attraktivsten Urlaubsländer für die Nordlichter. Grund genug, dass die Dänen vor allem in den Grenzregionen ein hervorragendes Deutsch sprechen. Sie haben die Sprache in der Schule gelernt und suchen den Kontakt zu den Nachbarn. Bisher war das zumindest so. Die jungen Dänen zeigen kein Interesse mehr an der deutschen Sprache, entscheiden sich in der Schule für andere Fremdsprachen und weichen nach Möglichkeit auf Englisch aus.

Die Zahl der Übernachtungen von Dänen in Deutschland steigt kontinuierlich an, 2018 erreichte sie mit 3,14 Millionen einen neuen Rekord. Somit hat mehr als jeder zweite Däne mindestens eine Nacht in der Bundesrepublik verbracht. Vor allem Hamburg und Berlin sind beliebt. Früher konnten viele dänische Besucher deutsch mit den Deutschen sprechen und waren stolz auf ihre Sprachkenntnisse. Doch spätestens mit der jungen Generation der Dänen wird sich das sehr bald ändern.

Heute wählen von 80.000 Schülern nur noch knapp 100 Deutsch als erstes Wahlfach. Bisheriger Tiefpunkt eines Rückgangs, der sich seit 25 Jahren vollzieht. Den größten Einbruch gab es 1990, als Deutsch in Dänemark vom Pflicht- zum Wahlfach wurde.

Die Regierung des kleinen Landes und sogar die Königin höchstpersönlich schlagen Alarm, warnen vor den Folgen, die diese Entscheidung mit sich bringt. Deutschland ist der größte Handelspartner Dänemarks, wirtschaftlich ist es ein Desaster, wenn sich beide Seiten nicht mehr ohne Probleme austauschen können und auf eine Fremdsprache für beide Länder ausweichen müssen. In der deutschen Wirtschaft bekommt man am besten einen Fuß in die Tür, wenn man Deutsch spricht, da sind sich die Wirtschaftsexperten in Dänemark einig. Die dänische Regierung fordert daher vermehrt, die deutsche Sprache ab der ersten Klasse parallel zum Englischen zu unterrichten. Denn ohne Deutschunterricht fehlt es nicht nur an Sprachkenntnissen, sondern auch an Wissen über das Nachbarland, das ebenfalls im Sprachunterricht vermittelt wird.

Harte Fakten

Im Jahr 2015 sollte eine 33 Kilometer lange Mauer zwischen der Nord- und der Ostsee errichtet werden und damit zwischen Dänemark und Deutschland. Die damalige rechtsliberale dänische Regierung wollte diese Wand im Zuge der Flüchtlingskrise an der deutschen Grenze errichten. 21,7 Millionen Kronen Steuergelder flossen damals in die Vorbereitungen. Bestellt wurden vom Verteidigungsminister 37.500 Stacheldraht-Spiralen und 37.000 Stacheldraht-Pfähle, der Rest der Mauer sollte aus Beton errichtet werden. Gebaut wurde die Mauer nie, das Material für den Zaun lagert noch heute zu 90 Prozent am Luftwaffenstützpunkt in Skrydstrup bei Hadersleben. Interessant, wie sich eine solche Verstärkung der Grenze auf die Beziehung der deutsch-dänischen Nachbarn ausgewirkt hätte.

Zugleich entwickelt sich in der dänischen Hauptstadt ein Jugendslang, der teilweise aus deutschen Worten besteht. Ein Fortschritt, könnte man meinen. Leider benutzen die jungen Dänen Worte wie »Spitzenklasse« oder »geil« eher zum Spaß und machen sich über die Sprache des Nachbarlands lustig. Nutzten die Jugendlichen bislang eher die englische Sprache für

Übertreibungen und Schimpfwörter, suchen sie nun die Abwechslung in der deutschen Sprache. Das sorgt für Aufmerksamkeit und Lacher.

Englisch bleibt in Dänemark die Handelssprache Nummer eins. Die Dänen sind wahre Englisch-Asse (siehe Kapitel 4, S. 26), in den meisten Firmen und an den Universitäten wird fast ausschließlich Englisch gesprochen. Der extreme Rückgang am Interesse an der deutschen Sprache sollte dennoch alarmierend sein.

Aber

Das enge Band zwischen Deutschland und Dänemark, vor allem in der Wirtschaft und firmenübergreifend, ist von beiden Seiten gewünscht und wird in vielerlei Hinsicht gefördert. Trotz der sprachlichen Entwicklung wollen die beiden Länder im engen Austausch stehen. Auch in den kommenden Jahren setzen sie bei der deutsch-dänischen Zusammenarbeit auf die Verflechtung der Wirtschaftsräume, eine noch engere Abstimmung von Infrastrukturplänen, grenzüberschreitende Mobilität und ein kulturelles Miteinander. Durch gemeinsame Projekte ist die deutsch-dänische Verbindung so stark wie zuvor. Bleibt zu hoffen, dass auch die jungen Dänen wieder Spaß an der deutschen Sprache und nicht nur an den deutschen Schimpfwörtern finden. Immerhin: Große deutsche Städte wie Hamburg und Berlin bleiben für sie auch weiter äußerst attraktiv.

DIE EINSCHULUNG IN DÄNEMARK IST KEIN GRUND ZU FEIERN

32

Schulanfang

Können Sie sich noch an Ihre Einschulung erinnern? Falls diese zu lang her ist, haben Sie wahrscheinlich schon mit Ihren Kindern oder anderen Familienmitgliedern einen großen Schulanfang gefeiert, den Sie noch im Kopf haben. Die Schulanfänger sehnen ihren ersten Schultag meist schon lange vorher herbei – sei es, weil ihr Wissensdurst in der Schule endlich befriedigt wird oder weil sie am Tag der Einschulung eine riesige Schultüte voller Geschenke von den Eltern bekommen.

Dieses Ereignis ist im Leben der Kids und ihrer Eltern wichtig genug, um es zu feiern. In vielen Teilen

Deutschlands wird sogar die ganze bucklige Verwandtschaft eingeladen und der neue Lebensabschnitt des Sprosses im großen Stil zelebriert. Dafür werden Zelte gemietet, Gaststätten besucht oder im Erlebnisbad geplanscht.

In Dänemark dagegen gibt es weder eine Feier noch eine Schultüte – das Schulleben startet mit Schule. Auch hier genießen die Kids die Zeit in der Vorschule und fiebern auf den ersten Schultag hin. Dieser läuft dann allerdings äußerst unspektakulär ab, und auch im Vorfeld gibt es keine Schulanfangsparty. Fragt man einen Dänen nach einer Schultüte, erntet man einen fragenden Blick. In Dänemark sind höchstens Holztonnen mit Süßigkeiten gefüllt (ein Brauch zur Karnevalszeit), diese schlägt man dann so lange mit einem Stock, bis das Innere herausfällt. Seien Sie also besser vorsichtig, wenn Sie einen Dänen zum Schulanfang Ihres Kindes einladen, und bringen Sie die Schultüte in Sicherheit.

Aber

Alles, was die Dänen aufgrund der versäumten Einschulungsparty verpassen, holen sie doppelt und dreifach am Tag ihres Schulabschlusses nach. Vor allem nach dem bestandenen Abitur stehen die Dörfer und Städte in Dänemark Kopf. Zu erkennen sind die frischgebackenen Abiturienten an den markanten *studenterhue* (Studentenhüten).

Diese erinnern ein bisschen an die Caps bei den Abschlusszeremonien in Amerika, sind allerdings weiß gehalten und ähneln eher einer Kapitänsmütze. Mit stolzen 2000 Kronen (über 250 Euro) lassen sich die Dänen diese Kopfbedeckung einiges kosten, auch wenn sie sie danach nie wieder tragen. Doch damit nicht genug. Die Jugendlichen mieten sich für ihre Feierlichkeit einen Bus (ohne Dach), eine Pferdekutsche oder einen Lkw, schmücken das Gefährt und stellen Boxen darauf, die laut genug sind, um die gesamte Gemeinde zu beschallen. Natürlich dürfen auch alkoholische Getränke nicht fehlen. An den Fahrzeugen flattern große Banner mit klugen und nicht ganz so klugen Sprüchen der neuen Elite.

Mit dem offenen Partybus zieht die singende und feiernde Meute dann von einer Familie zur nächsten. Keine Angst, Sie sind sicher, es trifft nur die Familien der Absolventen. Die Partygemeinde feiert also auch im Garten oder Wohnzimmer der eigenen Eltern. Eine traumhafte Vorstellung, vor allem wenn man der letzte Gastgeber im Bunde ist und die Absolventen einen gewissen Alkoholpegel erreicht haben. Wer braucht da schon einen Schulanfang.

DEN DÄNEN FEHLT ES AN GESETZEN UND REGELN

33
Vorschriften

Stellen Sie sich bitte folgendes Szenario vor: Sie liegen an einem freien Sonntag auf Ihrem Liegestuhl im Garten und genießen die warmen Sonnenstrahlen. Die Vögel zwitschern, und Sie gönnen sich einen eiskalten selbst gemachten Eistee (wahlweise auch ein Bier) und versinken in Ihren Gedanken. Es ist Mittagszeit, und Sie freuen sich auf ein saftiges Steak vom Grill. Nach dem Essen suchen Sie sich unter der großen Linde ein schattiges Plätzchen für einen kurzen Mittagsschlaf und schließen die Augen. Sehr viel schöner könnte es gerade nicht sein, stellen Sie fest. Doch plötzlich reißt Sie ein lautes »Rrrrrrrr-grrrrrrr« aus allen Gedanken.

Keine Angst, es hat sich kein wildes Tier in Ihren Garten verirrt, der Nachbar hat nur die Heckenschere ausgepackt – am Sonntagmittag, 12.30 Uhr. Die Dänen verrichten ihre Gartenarbeit nicht selten an den Wochenenden, am Sonntag scheint es ihnen besonderen Spaß zu machen. Natürlich bleibt im Arbeitsalltag unter der Woche kaum Zeit für derartige Aufgaben, deshalb wird um 18 Uhr am Samstagabend zum Rasenmäher gegriffen oder am Sonntag mit dumpfen Schlägen das Gartenhäuschen repariert. Es gibt in Dänemark kein Gesetz, das diese lärmenden Arbeiten an Sonntagen und Wochenenden verbietet. Selbst wenn sich einige Regionen des Landes auf eine gewisse Ruhezeit geeinigt haben, hält sich keiner daran.

Im Gegenteil. Sollten Sie selbst in Dänemark wohnen oder eine Auswanderung in Betracht ziehen, werden Sie schnell merken, wie viele Vorteile es hat, seine Garten- und Hausarbeiten an den freien Wochenenden zu erledigen, wenn die Zeit dafür da ist. Die ganze Familie kommt im Garten zusammen, die Kinder spielen, und Sie können ganz entspannt werkeln. Ungünstig ist dies nur immer dann, wenn Sie der Nachbar auf der anderen Seite sind, der eigentlich nur einen ruhigen Sonntag auf der Sonnenliege verbringen wollte.

Aber

Vor allem in Anlagen mit Ferienhäusern gibt es immer wieder Beschwerden über den Lärm der einheimischen Anwohner an den Wochenenden. Die Urlauber wollen in ihrem dänischen Ferienhaus am Meer nicht morgens um 7 Uhr von einem Rasenmäher aus dem Bett geholt werden. Deshalb gibt es vor allem in den Urlaubsregionen verschärfte Regeln, die das Lärmen an den Wochenenden vor 10 Uhr, während der typischen Essenszeiten oder am Abend verbieten. Auch immer mehr Hausgemeinschaften und Wohnprojekte sprechen sich zum Thema Lärmbelästigung ab und legen so Gesetze für ihre Mieter fest. Für alle anderen Genervten gilt: Reden hilft! Die Dänen sind ein sehr rücksichtsvolles und soziales Volk. Suchen Sie das Gespräch am Gartenzaun und berichten Sie von der harten Woche, die Sie hatten, der Nachbar wird die elektrische Heckenschere dann sicher für diesen Tag im Werkzeugschrank lassen.

Die Regeln und Gesetze, die es in Dänemark gibt, werden von den Einwohnern übrigens peinlichst genau eingehalten. Die Hoffnung stirbt also zuletzt, dass es irgendwann ein Gesetz geben wird, das das Rasenmähen am Sonntag verbietet. Wenn es tatsächlich da sein sollte, werden sich die vorbildlichen Dänen auch daran halten.

Gut zu wissen

Die dänischen Hobbygärtner verzichten mittlerweile auf den Einsatz von Pestiziden auf ihrem privaten Grund. Damit sind bereits 10.000 Gärten in Dänemark als giftfrei registriert. Dieser Wert entspricht einer Fläche von 3,5 unbelasteten Quadratmetern pro Däne. Bis Ende 2022 wollen die umweltbewussten Nordlichter die Marke von 100.000 giftfreien Gärten knacken. Angemeldet und registriert werden die Gärten von ihren Besitzern selbst über – wie sollte es anders sein – eine Internetseite.

VON DEN DÄNEN DÜRFEN SIE KEIN »BITTE« ERWARTEN

34
Dänische Tücken

Im Jahr 2017 wohnten fast 25.000 Deutsche in Dänemark, jedes Jahr wandern offiziell knapp 1.500 Deutsche in das kleine skandinavische Land aus. Mehr als die Hälfte dieser Auswanderer kehren jedoch nach kürzester Zeit zurück in die Bunderepublik. Neben der Fluktuation auf dem Arbeitsmarkt, den klimatischen Bedingungen oder familiären Veränderungen kann es dafür natürlich viele andere Gründe geben. Versuchen wir die Auslöser für die Rückkehr nach Deutschland allerdings in den kleinen Dingen des Alltags zu finden, so heißen die Übeltäter Spaghetti-Eis, dänische Dosenöffner und die lebensgefährliche DIN-Norm.

Sie können sich nicht vorstellen, wie sehr Ihnen das Wort »bitte« fehlen kann. Wie bereits in Kapitel 4, S. 26, ausführlich beschrieben, ist die dänische Sprache ein Fall für sich und nicht leicht zu lernen. Normalerweise sind Wörter wie »danke«, »bitte« und Sätze wie »Wie geht es dir?« oder »Mein Name ist …« typisch für die ersten Versuche beim Erlernen einer fremden Sprache. Allerdings erfahren Sie schon bei den ersten dänischen Brocken, dass es das Wort »bitte« im Dänischen nicht gibt. Sie möchten »bitte« das Salz? Dann bauen Sie doch einen dänischen Satz so um, dass Sie höflich um das Salz bitten können, aber eben ohne zu bitten. »Könntest du mir das Salz reichen?« wäre dann eine Möglichkeit, höflicher geht es ohne »bitte« eben nicht. Alternativ würde ein Däne bei diesem Satz sagen: *Må jeg bede om saltet?* »Dürfte ich um das Salz bitten?« wäre die sinnvolle deutsche Übersetzung.

Jemand bedankt sich bei Ihnen, und Sie wollen ein schnelles »Bitteschön« zurückgeben? Dann müssen Sie auf Sätze wie *det var så lidt* (»keine Ursache« oder »gern geschehen«) oder Wörter wie *selv tak* (»ebenfalls danke«) zurückgreifen. Einfach ist anders.

Haben Sie schon einmal versucht, mit einem dänischen Dosenöffner Ihre Lieblingsravioli zu öffnen? Unzählige Urlauber kommen dabei in ihren Ferienhäusern an ihre Grenzen und zweifeln an ihrem gesunden Menschenverstand. Im besten Fall lässt sich die Dose Ihrer Wunschspeise damit einfach nicht öffnen, im schlimmsten Fall ziehen Sie sich, wie so viele vor Ihnen, schlimme Verletzungen zu. Dieses Gerät aus den 50er-Jahren erkennen die meisten nicht einmal als Dosenöffner, deshalb ist es auch einer der wenigen Gegenstände, die in dänischen Ferienhäusern nicht geklaut werden. Der Öffner sieht aus wie ein Scharnier, während eine Seite etwas kürzer ist als die andere und eine relativ scharfe, angespitzte Kante besitzt. Es gibt nichts zum Einklemmen des Dosenrandes, nichts zum Drehen, um den Öffner auf der Dose entlanggleiten zu lassen. Ohne Hilfsvideos aus dem Internet oder einen befreundeten Dänen dürfte dieses Gerät für Urlauber und Auswanderer ein absolutes Rätsel bleiben. Mittlerweile gibt es übrigens auch Alternativen zu kaufen. Richtiger Däne sind Sie aber erst, wenn Sie dieses Höllenteil überlebt haben und zufrieden Ihre Dosenravioli essen.

Wenn Sie den Dosenöffner erobert haben, lauert eine weitere Gefahr: dänische Stufen. Da die Dänen teilweise andere Richtlinien und damit andere DIN-Normen haben als Deutschland, können manche Treppenaufgänge zu echten Stolperfallen werden. Die Stufen etwas steiler, etwas kürzer, etwas glatter und enger beieinander – wer nicht damit rechnet, liegt schnell auf der Nase. Ein weiteres Verletzungsrisiko.

Wie gut waren Sie eigentlich in Mathematik und vor allem beim Umrechnen von Maßeinheiten? Wenn Sie sich in der dänischen Küche zurechtfinden wollen, sollten Sie sich an den Umgang mit Dezilitern gewöhnen.

Ein Deziliter sind 100 Milliliter. Tipp: Sollten Sie mit einem dänischen Maßbecher arbeiten, umgehen Sie diese Rechnerei komplett. Ungewohnt ist es dennoch, wenn die Milchmenge für den Pudding oder das Wasser für den Soßenbinder in Deziliter angegeben wird.

Obwohl Dänemark direkt an Deutschland grenzt, gibt es einige Dinge, die die Deutschen lieben, die Nordlichter aber nicht kennen. Die Dänen lieben ihr Leitungswasser, bei jedem Gaststättenbesuch gehört eine Flasche davon auf den Tisch. Verdutzt schauen sie dagegen bei einer Apfelschorle oder Spezi. Beides können Sie nicht in Flaschen abgefüllt in Dänemark kaufen, und bei der Bestellung im Restaurant dürfte der Kellner zumindest verwirrt sein. Tipp: Um langen Diskussionen aus dem Weg zu gehen, bestellen Sie sich einfach beide Getränke und mischen Sie sie selbst.

Sollten Sie irgendwann die Gelegenheit haben, deutsche Auswanderer nach ihrem Leben in Dänemark zu befragen, werden Sie erfahren, dass ein paar Kleinigkeiten offenbar den meisten Wahldänen fehlen: Pommes rot-weiß mit Currywurst, ein vernünftiger Döner, Wiener Würstchen, Mett, Teewurst, Club Mate, Sahnequark, Spaghetti-Eis, süßes Popcorn, Kloßteig.

Aber

Die meisten Supermärkte sind mittlerweile bestens mit deutschen Produkten ausgestattet.

Wenn die Auswanderer aufmerksam sind, können sie in den »Deutschen Wochen« beim Shop ihres Vertrauens also auch die geliebte Rostbratwurst, Leberkäse, Brezel oder die bayrische Haxe kaufen. Nach dieser Themenwoche platzt der Gefrierschrank dann sicher aus allen Nähten. All diese Dinge sind Sachen, auf die jeder problemlos verzichten könnte, wenn es nötig wäre. Doch gerade die Vorfreude auf die »Deutschen Wochen« oder den Besuch in der Heimat macht das Warten, Vermissen und Herbeisehnen der geliebten deutschen Produkte so schön.

Ersatz gibt es natürlich an jeder Ecke. Sie haben die Wahl: Trauern Sie Ihrem geliebten Spaghetti-Eis in der Heimat nach oder gönnen Sie sich ein dänisches Softeis, das weltweit zu den besten zählt? Verfallen Sie in Depressionen wegen der fehlenden deutschen Wiener oder probieren Sie den Hotdog, der in Dänemark eine Art Nationalgericht geworden ist? Kein deutsches Bier zur Hand? Die Dänen brauen einfach selbst, versuchen Sie doch einmal was Neues.

Viele Auswanderer verzichten gern auf diese Kleinigkeiten. Sie haben sich längst dem Leben in Dänemark verschrieben und schließen eine Rückkehr nach Deutschland aus. Zu angenehm ist das Leben am Meer, mit *hyggeligen* Nachbarn, perfekt ausgebauten Radwegen, Alle-Welt-Duzen und viel zu vielen Ampeln. Zu viele Ampeln? Ja, in Dänemark gibt es nicht nur ein Lichtsignal direkt am Haltestrich der Kreuzung, sondern auch eines auf der anderen Seite der Kreuzung und damit zwei Möglichkeiten, den Umschaltmoment nicht zu verpassen. Haben Sie sich erst mal an diese zweite Ampel gewöhnt, werden Sie diese in Deutschland sehnlichst vermissen, wenn Sie mal wieder zu weit an die Ampel herangefahren sind und nicht erkennen können, wann sie auf Grün umspringt.

FAHRRADHORROR UND TODESGEFAHR IN DER DÄNISCHEN HAUPTSTADT

35

Verkehrswesen

Die dänische Hauptstadt Kopenhagen ist längst kein Geheimtipp mehr, unzählige Touristen aus der ganzen Welt bestaunen jedes Jahr diese vielfältige, architektonisch aufregende Stadt. Aufgrund der unzähligen Sehenswürdigkeiten nutzen die meisten Besucher die Hop-on/Hop-off-Busse der Stadt, um einen ersten Eindruck von der City zu bekommen. Allerdings unterschätzen die Touristen eine Gefahr in Kopenhagen ständig: die Fahrradfahrer!

Wenn Sie in Kopenhagen die Straßenseite wechseln wollen oder eben aus einem Bus steigen, schweben Sie, überspitzt gesagt, in permanenter Lebensgefahr. Abgesehen von den Pkw und den unzähligen Touristen in der Stadt nehmen auch noch Tausende Radfahrer am täglichen Verkehrswahnsinn teil, und diese fahren wie Verrückte. Wie bereits in Kapitel 7, S. 40, kurz angedeutet, sind die Radfahrer die Könige der Straße, vor allem in Kopenhagen.

Auf ihren Fahrradwegen mit eigenen Fahrradampeln rasen die Biker mit Affenzahn und ohne Rücksicht auf Verluste in der Kopenhagener Innenstadt an Ihnen vorbei und beherrschen das Stadtbild. Im Stadtkern ziehen sie deutlich am motorisierten Verkehr vorbei und sind die gefährlichsten Verkehrsteilnehmer, wenn Sie nicht wissen, dass es sie gibt. Die Fahrradpendler sind oft mit Rennrädern unterwegs und daher besonders schnell. Wildes Klingeln und kleinere Unfälle sind in der Innenstadt also vorprogrammiert. Passen Sie auf sich auf und bestehen Sie in brenzligen Situationen nicht auf Ihre Vorfahrt.

Die wenigsten Touristen sind es gewohnt, dass sich zwischen Gehweg und Straße noch ein weiterer Verkehrsweg befindet. Weltweit gibt es nur wenige Fahrradnetze, die so gut ausgebaut sind wie das der Dänen. Allein in Kopenhagen umfasst es 390 Kilometer, im ganzen Land sind es sogar 11.000 Kilometer. Die Super-Fahrradwege oder Fahrrad-Autobahnen in Dänemark haben besonders breite und komfortable Wege und führen sternförmig aus dem Zentrum Kopenhagens in die Vororte und Vorstädte. 1,2 Millionen Fahrradkilometer werden in Kopenhagen pro Tag zurückgelegt!

Aufgrund der systematischen Förderung des Fahrradverkehrs ist Kopenhagen auch als Bike City bekannt und zählt zu den fahrradfreundlichsten Großstädten der Welt. Dänemark gilt weltweit als Vorreiter, wenn es darum geht, in einer Großstadt den Fokus auf den Fahrradverkehr zu legen. Der Begriff *to copenhagenize* beschreibt den Versuch von Städten wie New York, nach dänischem Vorbild Fahrradnetze zu verwirklichen.

Gut zu wissen

Nicht nur das Fahrradnetz ist in Kopenhagen perfekt ausgebaut, hier fährt auch eine der modernsten Metros der Welt. Das vollautomatische und führerlose System führt Sie einerseits an berühmten Sehenswürdigkeiten vorbei und verleiht andererseits Achterbahn-Feeling, wenn es durch die beleuchteten unterirdischen Röhren geht. Die Metro fährt rund um die Uhr und auf den Hauptstrecken und zur Hauptverkehrszeit alle zwei Minuten. Auch in den Nächten unter der Woche müssen Sie niemals länger als 20 Minuten auf eine Metro warten, Verspätungen gibt es so gut wie nie. 13.000 Abfahrten kommen so an einem Tag zusammen. Die Kopenhagener Metro mit 22 Stationen wurde bereits als »Beste Metro der Welt« und »Beste führerlose Metro der Welt« ausgezeichnet. Dennoch ruhen sich die Dänen nicht auf ihrem Erfolg aus, die 21 Kilometer lange Metro wächst unaufhörlich weiter. Der neue City-Ring soll dafür sorgen, dass es die Kopenhagener niemals weiter als 600 Meter zur nächsten Metro-Station haben.

DIE DÄNEN BELLEN NICHT NUR, SIE BEISSEN!

36

Hundegesetze

Für Hundebesitzer sind ihre Vierbeiner keine Tiere, sondern vollwertige Familienmitglieder. Deshalb reagieren einige Hundeliebhaber besonders gereizt, wenn es um die Hundegesetze in Dänemark geht. In ihren Augen ist das kleine skandinavische Land hundefeindlich.

Wer mit seinem Hund in Dänemark Urlaub machen möchte, sollte wissen, dass nicht alle Hunderassen in diesem kleinen Land geduldet werden. Schlimmer noch, die Polizei darf diese töten. Seit 2010 sind bereits über 800 Hunde eingeschläfert worden, weil sie laut dänischem Hundegesetz zu den Kampfhunden zählen und diese strengstens verboten sind. Viele der getöteten Hunde hatten Menschen angefallen und gebissen. Laut Behörden war bisher aber kein Hund von Touristen dabei, es handelt sich ausschließlich um einheimische Tiere. Sollten allerdings Hunde von Touristen auffällig werden, gelten die gleichen Regeln wie für einheimische Hunde.

Ganze 13 Hunderassen sind in Dänemark verboten, entsprechende Tiere dürfen weder gezüchtet, gehalten oder ins Land eingeführt werden. Dazu zählen unter anderem: Pitbull Terrier, Tosa Inu, American Staffordshire Terrier, Fila Brasileiro, Dogo Argentino, Amerikanische Bulldogge, Boerboel und der Tornjak. Vergehen werden mit Bußgeldern, Haftstrafen oder eben der Tötung des Tieres bestraft. Dies gilt für alle Hunde, die nach dem 17. März 2010 angeschafft wurden. Jeder Hundehalter muss sich und seinen Hund also ausweisen können, auch wenn er nur zu Gast in Dänemark ist. Hunde der verbotenen Hunderassen, die bereits vor 2010 angeschafft wurden, dürfen zwar mit in den Dänemarkurlaub, müssen allerdings in der Öffentlichkeit mit Maulkorb und Leine flanieren. Pitbull Terrier und Tosa Inu dürfen dagegen gar nicht eingeführt werden. Andere Hunderassen dürfen nur einreisen, wenn ein EU-Haustierausweis vorliegt.

Schwierig ist es auch mit Mischlingshunden. Kann der Halter nicht zweifelsfrei nachweisen, um welche Kreuzung es sich handelt, können auch diese Tiere Ärger bereiten. Wer keine Zuchtpapiere für seinen Hund besitzt, sollte ihn nicht mit ins Land nehmen, denn es reicht der Verdacht eines Polizisten, dass eine der verbotenen Rassen in der Kreuzung vorkommen könnte.

Bis 2014 durften streunende Hunde auf dem eigenen Grundstück vom Hausbesitzer sogar erschossen werden. Auf Drängen der Bevölkerung ist dieses Vorgehen nicht mehr erlaubt, dafür drohen hohe Bußgelder, sollte sich Ihr Hund in den Garten des Nachbarn verirren.

Die dänischen Hundegesetze sind streng, deutlich strenger als in den meisten europäischen Ländern, und bei manchen Hundebesitzern bringt das die Hutschnur zum Platzen. Diese fühlen sich dann genötigt, gegen das vermeintlich hundefeindliche Land zu hetzen, obwohl Dänemark auch ein anderes (Hunde-)Gesicht hat.

Aber

Die strengen Hundegesetze haben dazu geführt, dass die Zahl der Hundebissverletzungen am Menschen in Dänemark deutlich zurückgegangen ist. Außerdem zählt Dänemark zu den hundefreundlichsten Ländern der EU. Wenn Sie eine als ungefährlich eingestufte Rasse mit in den Urlaub nehmen, wird sich Ihr Vierbeiner dort wie im siebten Hundehimmel fühlen. Kein anderes beliebtes Urlaubsland der Deutschen hat mehr haustierfreundliche Unterkünfte als Dänemark. Durch die zahlreichen Ferienhäuser sind in jedem zweiten Feriendomizil Vierbeiner erlaubt. Der Auslauf an den dänischen Stränden und in den Wäldern ist riesig, Bademöglichkeiten gibt es überall. An den Stränden dürfen die Fellnasen von Oktober bis März frei herumlaufen. Bessere Bedingungen für Hunde findet man selten. Jedes Jahr kommen deshalb Tausende Urlauber mit ihren Vierbeinern in das kleine skandinavische Land und dürfen die Tiere unversehrt, glücklich und erholt wieder mit nach Hause nehmen.

IN DÄNEMARK KOMMT ES ZU NATURBEDINGTEN SCHLAFPROBLEMEN

37
Klima

Wenn es einen triftigen Grund dafür gibt, nicht nach Dänemark auszuwandern oder dort Urlaub zu machen, dann ist es das Wetter. Unbeständiger, chaotischer und wechselhafter als in Dänemark kann es kaum sein. Scheint gerade noch die Sonne, ziehen innerhalb von Minuten fette, dunkle Regenwolken heran, der Wind peitscht, und die Heimfahrt auf dem Fahrrad oder der Strandbesuch werden zum Überlebenskampf. In Deutschland gibt es ein Gedicht mit der Zeile: »April, April, der weiß nicht, was er will.« Damit ist das unbeständige Wetter in diesem Monat gemeint. In Dänemark gibt es im ganzen Jahr nicht einen einzigen Monat, der weiß, was er will. Jeder Tag ist wettermäßig eine Überraschungstüte.

Deshalb sind die Einwohner Dänemarks auch bestens mit wetterfester Kleidung ausgestattet. Regenfeste Klamotten und Gummistiefel stehen sogar im Büro bereit. Nur weil der Tag schön begonnen hat, lassen sich die Dänen nicht aufs Glatteis oder eben in den nächsten Regenschauer führen. Das sogenannte »dänische Wetterkreuz« sorgt dafür, dass der dänische Wetterbericht äußerst kurzlebig und nicht sonderlich zuverlässig ist. Dänemark liegt im Zentrum von vier Wettertypen und ist deshalb ständigen Wetterumschwüngen ausgeliefert. Der Süden schickt warme Luft, und der Norden kontert mit kalter. Der Osten will Dänemark mit trockener Luft bedienen, allerdings schickt der Atlantik zeitgleich Luftfeuchtigkeit ins Land. Je nachdem, welcher Wettertyp gerade die Oberhand gewinnt, ändert sich das Wetter – ständig. Im Sommer steigt das Thermometer nur äußerst selten über 25 Grad, deshalb holen die Nordlichter schon bei 15 Grad die T-Shirts und Miniröcke aus dem Schrank.

Wenn Sie sich dennoch für einen Sommerurlaub in Dänemark entscheiden, können Sie sich einen Friseurtermin vor der großen Reise sparen. Selbst wenn die Temperaturen angenehm sein sollten und der Regen eine Pause macht – in Dänemark scheint es niemals windstill zu sein. Und Wind meint hier keine kleine angenehme Brise, sondern richtigen Wind, der Gartenmöbel verschiebt, Sand am Meer aufpeitscht und eben Frisuren zerstört. Ich muss Ihnen sicher nicht erklären, wie sich die Kombination aus Wind, Regen und niedrigen Temperaturen anfühlt.

Gut zu wissen

Ein anderes »Wetterphänomen« sind die fehlenden Gardinen der Dänen. Offensichtlich haben die Nordlichter nämlich nichts zu verbergen. Egal in welcher Etage die Skandinavier wohnen, in ihren Wohnungen und Häusern werden Sie vergeblich nach Gardinen an den Fenstern suchen. Dieses Phänomen kennen die meisten aus den Niederlanden. Ein Erklärungsversuch ist die Gardinensteuer, die es angeblich früher im Land der Tulpen gab. Statt der Abgaben hätten sich die Holländer gegen Gardinen entschieden, lautet die moderne Sage. Ob der fehlende Sichtschutz auch in Dänemark historisch begründet liegt oder die Dänen einfach nur jeden Sonnenstrahl ins Haus lassen wollen, bleibt fraglich. Die Sonne ist in jedem Fall mehr als willkommen.

Mal abgesehen von diesen wirklich anstrengenden Wettererscheinungen kämpfen die Dänen mit zu viel oder zu wenig Licht. Während im Sommer in Teilen Dänemarks die Sonne gar nicht unterzugehen scheint, drücken die langen dunklen Winter aufs Gemüt. Es ist sicher ein schöner Gedanke, an einem Sommerabend bis 24 Uhr beim Grillfest zu sitzen und keine künstliche Beleuchtung zu brauchen, es wird ja nicht wirklich dunkel. Auch beim Wegräumen der Gartenmöbel, leeren Flaschen und Grillutensilien hilft das Tageslicht mitten in der Nacht. Aber spätestens in dem Moment, wenn Sie sich in Ihr Bett kuscheln und schlafen wollen, wird Sie die helle dänische Nacht irre machen.

Doch selbst wenn Sie einen Teil Dänemarks besuchen, in dem es irgendwann dunkel wird – spätestens ab vier Uhr wird es wieder hell. Es kann Ihnen egal sein, was draußen passiert, wenn Sie vernünftige Rollos, Jalousien oder Gardinen an Ihren Fenstern haben. Sollten die Fenster Ihrer Ferienwohnung mit Rollos versehen sein, freuen Sie sich allerdings nicht zu früh. Häufig sind diese nämlich alles andere als blickdicht. Und wenn Sie bei offenem Fenster schlafen, wird der dänische Wind dafür sorgen, dass das Rollo ohne Unterlass an den Fensterrahmen kracht und Ihnen so den wohlverdienten Schlaf raubt – sonderlich stabil sind die Konstruktionen nämlich ebenfalls nicht.

Noch anstrengender für den Körper sind die Wintermonate in dem kleinen skandinavischen Land. Offensichtlich verbrät die dänische Sonne ihre ganze Kraft im Sommer. Im Winter dagegen werden Sie das Gefühl nicht los, dass sie gar nicht erst aufgeht. Viele Dänen kämpfen sich mit Vitamin-D-Tabletten, einem Kamin und unzähligen Kerzen durch die langen, dunklen und sonnenarmen dänischen Winter. Unter null Grad sinken die Temperaturen nur selten, graues Matschwetter ist an der Tagesordnung. Winterblues für Nicht-Dänen garantiert!

Aber

Sie werden niemals hören, dass sich ein Däne über das Wetter beschwert. Die Nordlichter nehmen es, wie es kommt, und passen sich an. Für Regenwetter gibt es Regenkleidung, Niederschlag ist also kein Grund, vom Fahrrad ins Auto zu flüchten. Den Wind scheinen die Nordlichter gar nicht zu bemerken, und Mützen als Wärmeschutz werden Sie äußerst selten sehen. Ebenso entspannt sind die Dänen bei Helligkeit in der Nacht. Schon die Babys schlafen ohne Verdunklungsmöglichkeit in ihren Zimmern, helle Nächte sind damit normal und kein Grund für schlechten Schlaf. Die langen Winter genießen die Dänen dann am liebsten in ihren geschmackvoll eingerichteten Häusern inmitten der Familie. Mit einem guten Buch vor dem Kamin sitzen, während der Regen an die Scheiben prasselt – was könnte gemütlicher sein?

DÄNISCHE SOMMERHÄUSER SIND SCHÖN, ABER NICHTS FÜR AUSLÄNDER

38
Tourismus

Nichts liebt der Däne mehr als sein Sommerhaus. Über 285.000 Dänen besitzen ein eigenes Ferienhaus, häufig keine 50 Kilometer entfernt vom eigenen Wohnort. Ein kleines Holzhaus am Strand von Dänemark, mit Blick aufs Meer – das ist auch für unzählige ausländische Fans des kleinen skandinavischen Landes eine absolute Traumvorstellung. Nur schade, dass die Nordlichter ihre Ferienhäuser an Urlauber nur vermieten. Verkauft wird ausschließlich an Dänen. Selbst für EU-Bürger bleibt ein Sommerhaus in Dänemark ein Wunschtraum.

Über die Hälfte der Dänen verbringen ihre freien Tage und Urlaube am liebsten im eigenen Land. Vor allem für

Familien gibt es wenig Gründe für eine Reise ins Ausland. Das eigene Sommerhaus bietet ideale Voraussetzungen zum Abschalten ohne großen Reisestress. Das Meer und den Strand vor der Haustür, kein Umgewöhnen beim Essen, keine Verständigungsprobleme. Wenn ein Notfall eintritt, ist das Zuhause nur wenige Fahrminuten entfernt.

Wenn sie ihre Sommerhäuser gerade nicht selbst nutzen, vermieten die Nordlichter sie gern. Vor allem aus Deutschland kommen immer mehr Touristen in das skandinavische Land. Da die Dänen von Spa-Hotels oder ähnlichen Wohlfühl-Oasen wirklich nichts verstehen, zieht es die Touristen am häufigsten in ein Sommerhaus direkt am Meer. Als Mieter sind sie gern gesehen, doch kaufen dürfen sie die Häuser trotzdem nicht.

Praxistipp

Verzweifeln Sie nicht an der Türklinke Ihres dänischen Feriendomizils und gehen Sie nicht nackt in die Sauna! Dass die Dänen keine Wellness- oder Spa-Experten sind, wurde ja bereits erwähnt. Selbst wenn Sie da erfahrener sind, sollten Sie sich an die Regeln des Landes halten, und eine Regel besagt: Badebekleidung in der Sauna anlassen. Bitte checken Sie also vor dem Saunagang, ob Ihre Mitmenschen nackt oder bekleidet im Schwitzbad sitzen, es könnte sonst etwas unangenehm werden.

Wenn Sie das erste Mal voller Vorfreude die Tür zu Ihrem dänischen Sommerhaus öffnen möchten und sich der Schlüssel einfach nicht drehen lässt, können Sie ihren Ferienhausvermieter anrufen. Sie sind dann wahrscheinlich der 387. Urlauber, der die Tür zum Haus nicht aufbekommt und verzweifelt nach dem richtigen Schlüssel fragt. Keine Sorge, Sie halten ihn in der Hand, die Türklinke ist das Problem. Ein Großteil der dänischen Türen lässt sich nur ab- und aufschließen, wenn Sie zuvor die Türklinke nach oben drücken und ein deutliches Einrastgeräusch hören. Das konnten Sie nun wirklich nicht vorher wissen, aber zum Glück haben Sie dieses Buch und können im Urlaub mit Ihrem Wissen glänzen.

Die Tourismusbranche in Dänemark würde neue Höhepunkte erreichen, wenn ausländische Besucher durch den Besitz eines Sommerhauses dauerhaft an ihr Lieblingsurlaubsland gebunden wären. Wer ein eigenes Sommerhäuschen besitzt, kommt sicher regelmäßig wieder. Dennoch werden die harten Gesetze zum Erwerb von Ferienhäusern für Ausländer in Dänemark nicht geändert. Obwohl man damit einen ganz neuen Markt eröffnen würde und vor allem die Sommerhausbesitzer, die ihr Domizil verkaufen möchten, deutlich mehr Interessenten hätten. Aber die Angst vor einem Mini-Deutschland und dem damit verbundenen Kontrollverlust ist groß, zumindest beim Staat.

Gut zu wissen

Wer wirklich von einem Sommerhaus in Dänemark träumt und bereit ist, ein paar Hindernisse und Hürden in Kauf zu nehmen, kann mithilfe von Schlupflöchern doch noch an sein Ferienhaus am dänischen Strand kommen. Seit Jahren steigt die Anzahl der ausländischen Sommerhausbesitzer in Dänemark stetig. Kleine Ausnahmen und die Hartnäckigkeit der interessierten Käufer machen es möglich. Aufgrund der Rechtslage ist der Kauf noch immer ein schwieriges Unterfangen, unmöglich ist er jedoch nicht. Eine Möglichkeit besteht in dem dokumentierten Nachweis zahlreicher Urlaubsaufenthalte in Dänemark, eine andere in der »besonderen Bindung« zum Land. Wer sich also mit der rechtlichen Grauzone und den Schlupflöchern näher befasst, kann am Ende *hyggelige* Kaminabende im eigenen dänischen Sommerhaus verbringen. Mittlerweile werden pro Jahr etwa 100 Kaufgenehmigungen an Deutsche vergeben. Über die Hälfte der Dänen begrüßt sogar einen Verkauf der Sommerhäuser an Ausländer, von Seiten des dänischen Staates wird allerdings weiterhin ein Riegel vorgeschoben. Dänische Sommerhäuser sollen weitestgehend in dänischer Hand bleiben – mit wenigen Ausnahmen. Sie könnten eine dieser Ausnahmen sein, wenn Sie darum kämpfen.

DIE DÄNEN ESSEN NUTELLA AUS GOLDENEN GLÄSERN

39
Marktwirtschaft

Die Nutellagläser in Dänemark sehen eigentlich aus wie überall, dennoch müssen sie aus purem Gold ein. Anders lässt es sich einfach nicht erklären, dass die beliebte Nuss-Nougat-Creme in Dänemark fast doppelt so teuer ist wie in Deutschland. Generell haben die skandinavischen Länder bei Lebensmitteln ein besonders hohes Preisniveau, nur die Schweiz, Schweden und Island liegen im Ranking noch vor Dänemark. Die Kosten für einen Lebensmitteleinkauf sind bei unseren Nachbarn um rund 31 Prozent höher als in Deutschland.

Die Preise in Euro umzurechnen kann als Urlauber übrigens wirklich anstrengend sein. Die Währung ist die

Dänische Krone, der Euro gilt nicht als offizielles Zahlungsmittel. Ein Euro entspricht rund 7,5 Kronen. Beim Einkaufen muss also jeder Preis durch diese Zahl geteilt werden, schwierig für alle Kopfrechen-Muffel. Wer im Supermarkt nicht schon angesichts dieser mathematischen Herausforderung verzweifelt, der tut es spätestens an der Kasse beim Gesamtbetrag.

Aufgrund der hohen Preise sind die Dänen große Freunde von Sonderangeboten. Sie durchforsten akribisch die Werbeblätter in ihren Briefkästen, analysieren und beobachten die Internetseiten mit Angeboten ihrer Lieblingssupermärkte und lieben Versprechen wie »Nimm 4, zahl 3!«.

Wer den Preisschock überwunden hat, wird beim Einkaufen nach und nach feststellen, dass die Auswahl an Produkten im Königreich sehr klein ist. Nicht selten sind ganze Regale leer gekauft, oder es gibt keinerlei Alternativen zu einem Hersteller oder Produkt. Wenige Menschen bedeuten eine kleine Marktwirtschaft. Das Warenangebot in deutschen Supermärkten ist um 80 Prozent höher, damit liegt die Bundesrepublik in punkto Produktvielfalt europaweit auf Platz eins. Dänemark dagegen befindet sich im Ranking auf dem letzten Platz.

Wer auf diese Erkenntnisse einen Schnaps trinken muss, darf erneut tief in die Tasche greifen. Noch teurer als Lebensmittel sind in Dänemark nämlich Bier, Wein und Spirituosen. Mit etwa 60 bis 65 Prozent höheren Kosten als in Deutschland wird das Feierabendbier zum absoluten Luxusgut. Gerade regelmäßige Dänemark-Urlauber aus dem Ausland bringen deshalb ihre Getränke und das ein oder andere Lebensmittel von Zuhause mit.

Aber

Bei den Preisen und der Auswahl mag Dänemark vielleicht schlechter abschneiden als die meisten europäischen Länder, doch auch im Bereich der Lebensmittelläden bestechen die Dänen durch eine Menge Vorteile.

Dafür muss klargestellt werden, dass die Nordlichter deutlich mehr verdienen als zum Beispiel Deutsche. Obwohl Dänemark eines der wenigen europäischen Länder ist, in denen es keinen Mindestlohn gibt. Die Mindesthöhe des Einkommens wird hier durch Tarifverträge geregelt, über 90 Prozent der Arbeitsverhältnisse sind tarifgebunden. Diese Mindesthöhe liegt deutlich über dem deutschen Mindestlohn. Es ist also leicht, sich über die Lebensmittelpreise in Dänemark aufzuregen. Fakt ist aber, dass das durchschnittliche Einkommen eines Dänen die Lebenshaltungskosten ausgleicht, weil die Skandinavier bis zu 35 Prozent mehr Gehalt bekommen als die Deutschen. Das dänische System mit hohen Gehältern, hohen Steuern, hohen Lebenshaltungskosten und umfangreichen Gesundheits- und Sozialleistungen funktioniert offenbar.

Ein weiterer Hochgenuss für gestresste Berufstätige dürfte die Tatsache sein, dass die meisten Lebensmittelläden in Dänemark auch am Sonntag geöffnet haben. Hamsterkäufe am Freitag, um über das Wochenende zu kommen, sind also nicht nötig. Egal, ob Sonn- oder Feiertag – Unternehmen, deren Umsätze einen gewissen Jahreswert nicht überschreiten, dürfen auch an diesen Tagen geöffnet sein. So war es zumindest bis 2012, um vor allem die kleinen Lebensmittelläden zu unterstützen. Seitdem dürfen allerdings auch alle anderen Läden ihre Öffnungszeiten frei bestimmen. Die Kauffreude der Dänen war an den Sonntagen so groß, dass sich in den kleinen Läden Riesenschlangen bildeten. Deshalb durften die großen Ketten nachziehen. Häufig können die Kunden nun von Montag bis Sonntag von 8 bis 20 Uhr einkaufen gehen. Luxus!

Sehr beliebt sind in Dänemark übrigens auch gemeinnützige Second-Hand-Läden. Denn auch bei Kleidung muss der Konsument tief in die Tasche greifen, wenn er sich nicht mit getragenen Klamotten begnügt. Diese werden häufig von älteren Damen ehrenamtlich und voller Hingabe in kleinen Läden angeordnet und für den guten Zweck verkauft. Ebenso preiswert bieten diese Läden Spielzeug, Werkzeug und Küchengeräte an. Günstiger an gebrauchte und getragene Dinge in bestem Zustand zu kommen ist kaum möglich.

Außerdem lieben die Dänen ihre Flohmärkte und verkaufen sogar direkt vor der eigenen Haustür Dinge, die sie nicht mehr brauchen können. Es gibt also genug Anlaufstellen für ein günstiges Shoppingerlebnis.

DER KUNDE IST IN DÄNEMARK NIEMALS KÖNIG

40
Service

Stellen Sie sich vor, Sie standen den ganzen Vormittag in der Küche, um das Essen für Ihre Gäste vorzubereiten. Sie haben die Terrasse geputzt, aufgeräumt, die Gartenmöbel aufgestellt, haben Getränke besorgt und sogar Fackeln und Lichter im Garten verteilt. Am Nachmittag fällt dann die Partymeute anlässlich Ihres Geburtstags bei Ihnen ein, und Sie verbringen wirklich schöne Stunden. Natürlich gibt es auch ein üppiges Abendessen, alles selbst gemacht. Danach fließen Bier und Wein in Strömen, die Stimmung wird immer ausgelassener, die Feiernden werden immer lauter und hemmungsloser. Ein perfekter

Tag, der für Sie so zeitig begann, dass Sie eigentlich nur noch ins Bett möchten.

Während es in den meisten Ländern unvorstellbar ist, den Gästen zu sagen, dass die Party bald vorüber ist, haben die Dänen eine ganz einfache Lösung für dieses Problem. Sie klingt für Außenstehende weder sonderlich elegant noch freundlich, funktioniert aber bestens, und kein Däne wird dieses Vorgehen hinterfragen. Wenn der Gastgeber der Meinung ist, dass die Party zu Ende ist, dann serviert er das *godnat mad* (das Gute-Nacht-Essen oder besser gesagt: die Rausschmeißer-Häppchen). Diese Snacks vermitteln den Gästen unmissverständlich, dass es Zeit ist, nach Hause zu gehen. Dafür tischt man beispielsweise Suppe oder Hotdogs auf – Speisen, die schnell vertilgt sind, damit sich keiner länger damit aufhält als nötig. Meistens werden die Rausschmeißer-Häppchen zwischen 0 und 2 Uhr serviert. Jeder Gast bedient sich noch einmal und bricht dann Richtung Heimat auf, die Message ist angekommen.

In Dänemark gilt beim Umgang mit Gästen häufiger die Devise »hart, aber herzlich«. Dieses Verhalten können Sie nicht nur auf privaten Feiern beobachten, sondern auch in Restaurants. Wenn Sie in dänischen Restaurants essen gehen, werden Sie vermutlich nicht an den Spruch »Der Kunde ist König« erinnert werden. Es wäre falsch zu sagen, dass die Kellner unfreundlich sind, sie sind einfach nicht übertrieben freundlich oder aufdringlich zuvorkommend. An dieser Stelle kommt wieder die Akzeptanz der Dänen untereinander ins Spiel. Keiner ist besser als der andere. Eine Bedienung ist kein Diener, sie oder er bringt lediglich die Speisen und Getränke an den Tisch und muss dafür kein Unterhaltungsprogramm für den Gast aufführen.

Ein weiterer Grund ist die Tatsache, dass die dänischen Bedienungen nicht auf Trinkgeld angewiesen sind. In einigen Dienstleistungsbereichen wie in der Gastronomie oder beim Friseur sind Trinkgelder absolut untypisch. Es ist bereits ein Servicebetrag in der Rechnung enthalten, deshalb wird kein Trinkgeld vom Gast erwartet. Außerdem verdienen Kellnerinnen und Kellner in Dänemark gut, deutlich mehr als in vielen anderen Ländern. Allerdings fällt es Touristen oftmals gar nicht so leicht, auf einen kleinen Extrabetrag zu verzichten, denn in vielen anderen Ländern wäre es unhöflich, kein Trinkgeld zu geben. Wenn Sie also das dringende Bedürfnis haben, den Preis etwas aufzurunden, tun Sie sich keinen Zwang an. Auch dänische Bedienungen werden nicht nein sagen.

Übrigens ist der Standard dänischer Lokale gewöhnungsbedürftig. Oftmals sind die Waschräume und Toiletten sehr einfach gehalten. Die kleinen Restaurants und Cafés bestechen durch einen ganz eigenen Charme, den nicht jeder mag. Einfach und bunt geht es meist zu. Die Möbel sind teilweise alt und zusammengewürfelt, die Gläser haben Wasserflecken, und der

Tisch wirkt oft, als könne er mal wieder einen nassen Lappen vertragen.

Gut zu wissen

Die Dänen sind ein sehr geselliges Völkchen und die Cafés und Restaurants in den Städten daher immer gut besucht. Kaum eine andere Stadt in Europa beherbergt so viele Cafés auf engstem Raum wie Kopenhagen. Vor allem junge Dänen zieht es zu jeder Tages- und Nachtzeit in die verschiedenen Lokalitäten. Im Sommer erweist es sich sogar als äußerst schwierig, einen freien Platz zu bekommen, vor allem bei den zahlreichen beliebten Frühstückscafés. Auch bei sinkenden Temperaturen werden die Außenplätze immer noch auffällig oft belagert. Den Dänen reicht nämlich auch im Winter ein einsamer Sonnenstrahl, eine Decke oder ein Wärmepilz, um sich an die frische Luft zu setzen.

DIE DÄNEN LASSEN SICH PER MAUSKLICK SCHEIDEN

41
Digitalisierung

Dieses Kapitel wird die die Leserinnen und Leser in zwei Lager spalten. Die einen werden geschockt sein, dass es in Dänemark nur einen Internetzugang braucht, um sich scheiden zu lassen. Die anderen werden die Dänen vermutlich darum beneiden, dass sie so schnell einen Schlussstrich ziehen können – im besten Fall ohne Rosenkrieg und mit minimalem Aufwand.

Sobald beide Ehepartner mit der Scheidung einverstanden sind, können sich die Dänen im Internet mithilfe eines vorgefertigten Online-Formulars per Mausklick rechtsgültig scheiden lassen. Ab dem Moment, in dem beide den Bitte-zurück-in-die-Freiheit-Button gedrückt haben, nachdem sie sich zuvor mit ihrer Bürger-ID und dem Passwort identifiziert haben, übernimmt die Verwaltung alle weiteren Formalien und nötigen Schritte. Für das unglückliche Ehepaar ist kein weiterer Kontakt mit der Behörde nötig. Bei einer derartigen Sofortscheidung gibt es weder Gerichtstermine, noch sind Anwälte involviert, wenn sich die Ehepartner in den Trennungs-, Güterteilungs- und Erziehungsfragen einig sind. Diese Rahmenbedingungen werden natürlich auch in ein Onlineformular eingegeben.

Seit 2013 gibt es in Dänemark diese Blitzscheidung, eine vorgeschriebene Trennungsfrist von sechs Monaten muss dabei nicht mehr eingehalten werden.

Über 70 Prozent der Dänen lassen sich mittlerweile online scheiden, doch die Vorgehensweise wird von vielen kritisch gesehen. 2013 gab es einen starken Anstieg der Scheidungsrate von 46 auf 54 Prozent. Die Online-Scheidung animierte offensichtlich zu Schnellschüssen. Mittlerweile liegt die Scheidungsrate in Dänemark wieder bei 46 Prozent.

Allerdings finden sich auch viele Befürworter der Online-Scheidung, denn die Vorteile sind offensichtlich: Die Bevormundung von Erwachsenen fällt weg, zumal die erzwungene Trennungsphase von sechs Monaten ohnehin nur selten Wirkung zeigt, der administrative Aufwand ist äußerst gering, und der digitale

Kontakt zu den Behörden spart allen Beteiligten Zeit und Geld. Auch beim Thema Scheidung gehen die Dänen also ihren eigenen Weg – digital, schnell und einfach. In vielen anderen Ländern ist eine Scheidung ein wahrer Behördenwahnsinn, der nicht selten mit zahlreichen Gerichtsterminen endet. Würden Sie den Mausklick wagen?

Aber

Sicher dürfte es manchen schockieren, wie leicht und schnell sich dänische Eheleute aus ihren langjährigen Partnerschaften verabschieden können. Zur Verteidigung der Dänen muss jedoch gesagt werden, dass der Weg in die Ehe fast genauso schnell geschafft ist. Hochzeiten in Dänemark sind äußerst unkompliziert, sie können im Standesamt, der Kirche, am Strand, im eigenen Garten oder wo auch immer vollzogen werden. Der Formularwahnsinn hält sich in Grenzen. Aus diesem Grund reisen auch viele Ausländer in das nördliche Land, um sich trauen zu lassen. Außerdem war Dänemark das erste Land überhaupt, in dem sich ein gleichgeschlechtliches Paar das Ja-Wort gab (1989).

Das Kinderkriegen ist ebenfalls viel einfacher als in vielen anderen Ländern. In Dänemark können homosexuelle Paare ohne Probleme Kinder adoptieren, lesbische Paare haben sogar das Recht auf staatlich geförderte künstliche Befruchtungen. Regenbogen-Familien werden diese gleichgeschlechtlichen Paare mit Kindern dann liebevoll genannt. Auch für Heteropaare ist bei einem unerfüllten Kinderwunsch kein Trauschein nötig, um Hilfe in einer Kinderwunschklinik zu bekommen. Sogar Singlefrauen können sich ohne Probleme bei einer der zahlreichen Samenbanken ihren Kinderwunsch erfüllen. *Solomor* (Solo-Mutter) werden diese Frauen genannt.

Inzwischen strömen zahlreiche Singlefrauen aus ganz Europa nach Dänemark, um sich dort künstlich befruchten zu lassen. 50 Prozent der Kundinnen von dänischen Samenbanken sind alleinstehend. Für die Däninnen selbst werden die Kosten der Behandlung von der Krankenkasse übernommen. Deutlich teurer wird es für die Frauen aus anderen Ländern, diese müssen die Kosten selbst tragen.

Natürlich gehören die dänischen Samenbanken zu den weltweit führenden – bei dem Ansturm nicht verwunderlich. 70 Länder der Welt werden von Dänemark aus beliefert, denn hier darf weiterhin anonym gespendet werden. In Dänemark ist eben von der Hochzeit über den Kinderwunsch bis hin zur Scheidung alles ein bisschen einfacher, digitaler und dennoch teilweise umstritten. Aber eben nur für Ausländer – für die Dänen selbst sind diese Angebote und Möglichkeiten völlig normal.

DER NIKOLAUS MACHT EINEN GROSSEN BOGEN UM DÄNEMARK

42
Traditionen

Am Abend des 5. Dezember wird es in vielen weihnachtlich geschmückten Häusern unruhig. Kinderschuhe, die das gesamte Jahr weder Schuhcreme noch einen feuchten Lappen gesehen haben, werden auf Hochglanz poliert, ganz ohne Tränen oder Geschrei. Einmal im Jahr lohnt es sich für die Kleinsten der Familie, auf die Eltern zu hören und die verdreckten Treter einer Grundreinigung zu unterziehen. Wer Stiefel hat, lässt die Sportschuhe in der Ecke stehen und widmet sich den Schuhen, die den meisten Platz für die Gaben des Nikolauses zur Verfügung stellen. Es wäre ja schade, wenn dieser wieder etwas mitnehmen müsste.

Egal, ob San Nicola, Samichlaus oder der Heilige Nikolaus – nicht nur in Deutschland freuen sich die Kinder am 5. oder 6. Dezember auf den Besuch und vor allem die Gaben des Nikolauses. Sollten die Kleinen irgendwann im Dänemarkurlaub von dieser Tradition erzählen, dürften die dänischen Kinder mit großen Augen staunen. In Dänemark gibt es nämlich keinen Nikolaus und damit auch keine mit Süßigkeiten gefüllten Schuhe.

Natürlich ist der Sankt Nikolaus aus der kirchlichen Historie auch in Dänemark bekannt, allerdings bringt dieser keine Süßigkeiten oder Geschenke. In Skandinavien gibt es diesen Brauch nicht.

Aber

Auch die dänischen Kinder müssen in der Vorweihnachtszeit nicht ohne kleine Überraschungen auskommen. Statt des Nikolauses bringen nämlich kleine elfen- oder zwergenartige Wesen die dänischen Familien auf Trab. *Nisser* heißen diese Unruhestifter, und sie kommen in der vorweihnachtlichen Zeit im Dezember. Mit diesen kleinen Wichteln sollten sich die Kinder gutstellen. Dabei kommt es nicht auf geputzte Schuhe an, sondern auf kleine Gaben. Werden für die *Nisser* Essen und Getränke aufgestellt, können die Kinder des Hauses mit Süßigkeiten und Kuchen als Gegenleistung rechnen. Erwischt die Familie allerdings eine wirklich schlecht gelaunte *Nisse*, geschehen recht wilde Dinge im Haus. Nicht selten ist am Morgen die Milch fürs Müsli grün gefärbt, in den Schuhen befinden sich Steine, oder die *Nisser* lassen sich noch größere Gemeinheiten einfallen. Natürlich sind diese Streiche vor allem für die Kinder ein Riesenspaß.

Genau deshalb wollen die dänischen Familien die *Nisser* auch in ihrem Haus haben. Dafür werden kleine Türen im Haus aufgestellt (die überall käuflich erworben werden können), durch die die *Nisser* dann zur Adventszeit ein- und ausgehen können.

Bisher war es immer unmöglich, die frechen Wesen auf frischer Tat zu ertappen. Diese kommen nämlich nur nachts ins Haus oder wenn alle Bewohner ausgeflogen sind. Doch das moderne Dänemark würde seinem Ruf nicht gerecht, wenn es dafür nicht eine Lösung in Form einer App gäbe. Mit dieser App kann die eigene Wohnung überwacht werden. So sehen die Kids der Familie am nächsten Tag genau, durch welchen *Nisser*-Eingang die Besucher gekommen sind. In einem kurzen Video können sie die Wichtel in der eigenen Wohnung beobachten, die Technik macht es möglich. Wie von Geisterhand werden die *Nisser* über die App in die eigenen vier Wände eingefügt – und die Kinder trauen ihren Augen kaum. Die Freude darüber ist fast so groß wie die Begeisterung über die Süßigkeitengeschenke der Wichtel.

DIE DÄNEN VERBALLERN MILLIONEN

43
Jahreswechsel

Der Nikolaus macht also einen Bogen um Dänemark, wie Sie im letzten Kapitel lesen konnten. Wahrscheinlich sind ihm die dänischen Bräuche zu Weihnachten und Silvester etwas suspekt. Wie wollen Sie dem frommen alten Mann auch erklären, dass die Dänen zu Weihnachten laut singend um den Baum tanzen und zu Silvester von Stühlen ins neue Jahr springen?

Doch auch in Dänemark wird der Jahreswechsel mit einem Feuerwerk gefeiert. Dabei verknallen die Dänen jedes Jahr so viel Geld, dass Feuerwerksgegner die Hände über dem Kopf zusammenschlagen dürften. Das kleine Land jagt zu Silvester 415 Millionen Kronen (über

55 Millionen Euro) in den Abendhimmel. Die meisten Dänen lassen sich ihr Feuerwerk damit über 70 Euro kosten. Darüber sprechen wollen allerdings nur wenige. Werden die Verbraucher befragt, geben diese meist niedrigere Summen an. Doch an den Stränden entlang der Küste scheinen wahre Wettbewerbe ausgetragen zu werden. Noch stundenlang nach dem Jahreswechsel steigt dort die schönste, aber eben auch teuerste Pyrotechnik in den Himmel. Jede Straße möchte die atemberaubendsten Raketen präsentieren und den längsten Atem haben. Manche Familien gehen sogar mit Schutzbrille und Ohrenschützern auf die Straße, um ihre Raketen in die Luft zu jagen. Geknallt werden darf übrigens nur vom 27. Dezember bis zum 1. Januar. Erlaubt sind dabei ausschließlich dänische Feuerwerkskörper, keine Import-Ware.

Zu Weihnachten geht es dagegen deutlich ruhiger zu. Während Silvester vor allem mit Freunden gefeiert wird, sind die Weihnachtsfeiertage ein Fest für die Familie. Wer keinen Spaß am Singen hat, dürfte allerdings etwas leiden. Denn die Dänen trällern unheimlich gern, während sie stundenlang um den Weihnachtsbaum tanzen.

Aber

Es gibt in Dänemark vor allem zu Weihnachten und Silvester Traditionen, die sich seit Jahrzehnten standhaft halten und sowohl die Familien als auch die Freundeskreise extrem zusammenschweißen. Ein Highlight ist zum Beispiel die Rede der Königin am Silvesterabend (siehe Kapitel 45, S. 201). Für die Partygesellschaft ist die Neujahrsansprache unentbehrlich und verleitet zu dem ein oder anderen Trinkspiel. So wird beispielsweise bei jedem Versprecher der Queen das Glas gehoben und sich köstlich amüsiert.

Auch zu Weihnachten lassen sich die Dänen immer wieder lustige Spiele einfallen, um Familienmitglieder zu überraschen oder für eine ausgeglichene Stimmung zu sorgen. Dazu benutzen sie das typischste Weihnachtsdessert überhaupt: Milchreis mit Sahne und Kirschsoße. Diesen Milchreis mit der passenden Soße gibt es nur um die Weihnachtzeit zu kaufen. In dem großen Topf voller Milchreis wird dann eine Mandel versteckt. Wer diese beim Essen in seiner Dessertschale findet, bekommt ein Extra-Geschenk. Dieser Brauch ist gerade für die Kinder ein großer Spaß.

DIE DÄNEN VERTRAUEN BLIND

44
Sozialwesen

Wie in vielen anderen EU-Ländern wird auch in Dänemark die Schere zwischen Arm und Reich immer größer. Besonders dramatisch fällt diese Entwicklung seit 2017 auf. Allein in diesem Jahr stieg die Ungleichheit um 20 Prozent. Seitdem ist keine Trendwende in Sicht. Und das obwohl Dänemark jahrelang und auch 2018 als bestplatziertes Land im Ungleichheitsindex abschnitt. Bisher gelang es dem skandinavischen Land nämlich hervorragend, durch die hohen Steuern, die gleichen Rechte für Mann und Frau, das gute soziale Sicherheitsnetz und die hohen Löhne ein gutes Gleichgewicht in der Gesellschaft zu erzeugen. Mittlerweile wächst jedoch auch hier die Ungleichheit. Schwer zu ertragen für die sozialen und erfolgsverwöhnten Dänen.

Vor allem politische Entscheidungen scheinen den Negativtrend ausgelöst zu haben. Dieser zeigt zum Beispiel, dass bis zu 25 Prozent mehr Kinder in Armut aufwachsen müssen als zuvor. Mittlerweile besitzen außerdem die reichsten zehn Prozent der Dänen knapp 50 Prozent des Nettovermögens des Landes. Während sich diese reichen zehn Prozent über ein Durchschnittsvermögen von 5,4 Millionen Kronen freuen können, haben die ärmsten zehn Prozent ein negatives Vermögen von 376.000 Kronen. Und der Vorsprung der wohlhabenden Dänen wächst unaufhörlich weiter. Schon längst leben nicht mehr nur Flüchtlinge und Einwanderer in Ghettos. Für den Rest der Bevölkerung scheinen sich die Reichen hinter Zäunen zu verschanzen, »Oberklassenviertel« werden diese Gegenden in Kopenhagen und Aarhus genannt. Die gemischten Wohnviertel verlieren dagegen an Wert. In Dänemark hungert keiner, und auf den Straßen sterben nur äußerst selten Obdachlose, aber die Gesellschaft teilt sich zusehends auf – die Schere zwischen Arm und Reich wächst.

Gut zu wissen

Obwohl die soziale Schere auch in Dänemark immer weiter auseinander geht, wächst das Vertrauen der Bevölkerung. Mehr noch: In keinem anderen Land vertrauen sich die Menschen so sehr wie hier. Wissenschaftler vermuten darin seit langem den Grundstein für die dänische Zufriedenheit. Auch die Zuwanderungsperioden der letzten 20 bis 30 Jahre haben diesem Vertrauen keinen Abbruch getan. In Dänemark genießt jeder so lange ein Grundvertrauen, bis er es ausnutzt. Doch auch wenn das Vertrauen bereits mit der Muttermilch eingeflößt wird, lässt es sich durchaus mit Fakten begründen und erklären. In Dänemark herrscht ein niedriger Grad an Korruption, es gibt gut funktionierende staatliche Einrichtungen, und das Ausbildungs- und Wohlstandsniveau wächst kontinuierlich. Zugezogene und Einwanderer genießen dieses Vertrauensniveau in hohem Maße – und übernehmen es.

Die Grundskepsis, die zum Beispiel die Deutschen auszeichnet, gibt es in Dänemark nicht. Während man sich in Deutschland das Vertrauen seines Gegenübers erarbeiten muss, erhält man in Dänemark einen dicken Vertrauensvorschuss. Ein einfaches Beispiel: In Dänemark gibt es unzählige Besitzer von Blumenläden oder Obst-, Blumen- und Gemüseständen, die ihre Waren auch nach Geschäftsschluss einfach an den Ladeneingang oder ganztägig in kleine Hütten an den Feldrand stellen. Eine Dose mit Wechselgeld oder einen Automaten zum Zahlen finden Sie direkt daneben. Jeder, der Interesse hat, kann sich so an den Produkten bedienen und den angezeigten Preis in die kleine Dose legen. In Dänemark kommt keiner auf die Idee, das Wechselgeld zu klauen oder weniger oder gar nicht für die Produkte zu zahlen. Die Nordlichter haben Vertrauen, weil es funktioniert und nicht ausgenutzt wird.

DAS DÄNISCHE KÖNIGSHAUS IST UNANTASTBAR

45

Monarchie

Mindestens genauso verrückt wie nach ihrer Nationalflagge (siehe Kapitel 27, S. 125) sind die Dänen nach ihrem Königshaus und der königlichen Familie. Es ist unmöglich, um die Königsfamilie und ihr ungebrochenes Ansehen herumzukommen. Bei offiziellen Anlässen und Auftritten der Königsfamilie gibt es für die Dänen kein Halten mehr. Nicht selten sammeln sich Tausende Schaulustige, um ihren Staatsoberhäuptern zuzujubeln. Die dänische Monarchie gehört übrigens zu den ältesten der Welt.

Harte Fakten

Die Wurzeln des dänischen Königshauses reichen bis zu den Wikingern zurück. Als Gründer des heutigen Dänemarks gilt Harald I. Blauzahn Gormsen. Durch seine Heiratspolitik gewann das dänische Königshaus in nahezu allen regierenden Häusern Europas an Einfluss. Für Königin Margrethe II. wurden 1953 die Gesetze geändert, damit sie auch als Frau den Thron erben kann. Seit dem 14. Januar 1972 ist sie nun das Staatsoberhaupt Dänemarks. Ihr Mann Henrik war Franzose und starb 2018. Von ihm hat sie zwei Söhne, Kronprinz Frederik und Prinz Joachim. Aus deren Ehen gingen bislang acht Enkel für die Königin hervor. Während Prinz Henrik, der verstorbene Mann der Königin, nie selbst zum König wurde und immer Prinz blieb, darf sich Prinzessin Mary bereits auf den Moment freuen, wenn ihr Mann Kronprinz Frederik den Thron besteigt. Sie wird dann nämlich den Titel Königin tragen. Bei Prinz Henrik war die Gefahr zu groß, dass man ihn für den Regenten gehalten hätte, wenn er als König betitelt worden wäre. Bis zu seinem Tod beklagte er die Ungerechtigkeit – der Mann der Königin wäre gern ein König gewesen.

Das Leben der königlichen Familie füllt ganze Klatschblätter und scheint das Lieblingsthema der Dänen zu sein. Dabei liebt das dänische Volk die Vielfalt in der Königsfamilie. Sei es der auffällig farbenfrohe Modegeschmack der Königin, die multikulturellen Eheschließungen der dänischen Adligen oder die Scheidung von Prinz Joachim, langweilig wird es mit den Royals nie.

Kennen Sie noch den Begriff Straßenfeger? So bezeichnete man Sendungen im Fernsehen, die regelmäßig dafür sorgten, dass keine Menschenseele auf den Straßen zu sehen war. Heute träumen die Sendeanstalten von solchen Quotenhits. Die Dänen können noch immer mit einem Straßenfeger glänzen: der Neujahrsansprache von Königin Margrethe II. Pünktlich um 18 Uhr am Silvestertag versammelt sich ganz Dänemark vor den Fernsehgeräten oder vor der großen Leinwand am Schloss Amalienborg und klebt an den Lippen der Königin. In ihrem königlichen Arbeitszimmer lässt sie das vergangene Jahr Revue passieren, erklärt die Werte des dänischen Volkes und erwähnt die Minderheiten des Landes. Die Rede wird immer live übertragen und ist die einzige Gelegenheit des Jahres, zu der die Königin persönlich zu ihrem Volk spricht. Auch wenn die Dänen sich mittlerweile über bestimmte alljährliche Wiederholungen in der Rede amüsieren – in kaum einem anderen Land dürften sich die Menschen derart für eine Neujahrsansprache begeistern wie im verrückten Dänemark.

Aber

Wer glaubt, das dänische Königshaus sei ein eingestaubtes Überbleibsel der Geschichte, liegt falsch. Die königliche Familie erfreut sich vor allem wegen ihrer Volksnähe und ihrem zeitgemäßen Verhalten größter Beliebtheit. So engagieren sich die Mitglieder des Königshauses regelmäßig bei diplomatischen und wohltätigen Veranstaltungen und sind die wichtigsten Botschafter des kleinen Landes. Ihre Beliebtheit reicht weit über das eigene Land hinaus. Doch gerade in Dänemark selbst wird die Königsfamilie nahezu verehrt. Kronprinzessin Mary dient der dänischen Frauenwelt als Stilikone. Auch ihr Ehemann und Thronfolger Prinz Fredrik gilt als Vorbild, wurde von seinen Landsleuten bereits mehrfach zum »Dänen des Jahres« gewählt. Die Königin selbst gilt als Künstlerin, entwirft Kostüme, illustriert Bücher, malt und entwirft Bühnenbilder fürs Theater. Die Dänen sind stolz auf ihr Königshaus und ihre Tradition, und die königliche Familie gibt es ihnen mit Volksnähe, Werbung fürs eigene Land und einem modernen Lebensstil zurück.

DIE DÄNEN SCHIESSEN DEN VOGEL AB

46
Bräuche

Jedes Land hat bekanntermaßen seine eigenen Bräuche und Traditionen. Die Dänen schießen allerdings einmal mehr den Vogel ab – mit Zimt. Die sonst so entspannten und *hyggeligen* Dänen haben nämlich für ihre Singlefreunde zum 25. Geburtstag eine besonders hinterlistige Überraschung in petto. Für das Geburtstagskind gibt es keine Geschenke, sondern mitten auf der Straße eine Ladung Zimt, direkt über den Kopf und eimerweise.

Ab dem 30. Geburtstag hört der Spaß endgültig auf, wenn Sie keinen festen Partner haben: Die Geburtstagsgesellschaft greift zum Pfeffer. Sollte dieser nicht wie gewünscht am Körper kleben bleiben, wird der Jubilar mit einem Eiermix eingeschmiert und dann mit dem Pfeffer überschüttet. Hatschi! Sicher einer der skurrilsten dänischen Bräuche und ganz sicher nicht die einzige verwirrende Tradition der Nordlichter.

Niemand mag Briefe ohne Absender und mit ominösem Inhalt. Doch in Dänemark findet beinahe jeder Däne zur Osterzeit einen solchen Brief in seiner Post. Diese Tradition ist in dänischer Kinderhand. Die Kleinen versenden einen sogenannten *gækkebrev* (Osterbrief) an ihre Liebsten. Das Briefpapier wird mit einer Schere künstlerisch verziert und erinnert am Ende an eine Schneeflocke. Im Brief selbst wird handschriftlich ein typischer Reim verfasst; wer sich nichts ausdenken möchte findet vorgefertigte, traditionelle Reime im Internet oder bekommt Hilfe von den Eltern. Der Umschlag enthält außerdem ein getrocknetes Schneeglöckchen. Ein Absender ist allerdings nicht zu finden, den muss der Empfänger erraten. Es ist also alles streng geheim, und gerade daran haben die Kinder besondere Freude. Gelingt es dem Empfänger des Briefes nicht herauszubekommen, wer den Brief geschickt hat, muss er dem Absender später ein Schokoladen-Osterei kaufen. Ist der Empfänger dagegen auf der richtigen Spur und entlarvt den Versender, so muss der Briefschreiber die Ostersüßigkeit ausgeben.

Was verbinden Sie mit Weihnachten? Zeit mit der Familie, Plätzchen, Räucherkerzen, Geschenke, Weihnachtsmann und Bier? Nein, Sie denken bei Weihnachten nicht unbedingt an Bier? Die Dänen schon. Die Nordlichter begrüßen die besinnliche Weihnachtszeit nämlich jedes Jahr mit dem J-Day. An diesem Tag, dem ersten Freitag im November, gibt der dänische Biergigant Tuborg pünktlich um 20.59 Uhr sein alljährliches Weihnachtsbier *Julebryg* zum Verkauf frei. Hält sich eine Bar oder ein Restaurant nicht an diese Uhrzeit, so wird die Schanklizenz entzogen. Harte Sitten! Die Fans des süffigen Weihnachtsbieres warten das ganze Jahr auf diesen Moment, erhältlich ist der edle Gerstensaft nämlich nur zur Weihnachtszeit. So wird aus besinnlich schnell laut, süffig und betrunken. Elfen und Santa Claus höchstpersönlich verteilen an diesem Tag das Bier an die durstigen Dänen, das Spektakel endet oftmals erst in den frühen Morgenstunden. Ganz Kopenhagen wird an diesem Tag zur Partymeile. Na dann: Frohes Fest!

Diese drei Beispiele dürften wieder einmal der beste Beweis dafür sein, dass Shakespeare wusste, wovon er sprach, als er Hamlet sagen ließ: »Etwas ist faul im Staate Dänemark.« Wer auf diese Bräuche nicht vorbereitet ist, wird sicherlich seinen Augen und Ohren nicht trauen.

Aber

Auch wenn sich die Dänen bei der Zimt- und Pfefferaktion etwas herzlos zeigen und den Beginn der Weihnachtszeit mit Ausnüchtern verbringen, mit einer Tradition zeigen sie ihre romantische und verschmuste Seite. Denn dänische Hochzeiten sind wahre Knutschorgien. Dass sich das Brautpaar küssen muss, sobald die Gäste an ihre Gläser schlagen, ist auch in anderen Ländern keine Besonderheit. Dass diese Knutscherei bestenfalls auf den Stühlen stattfindet, wo alle einen guten Blick auf die frisch Vermählten haben, können Sie sicher auch noch akzeptieren. Wird mit den Füßen auf den Boden getrampelt, verschwinden die Verliebten knutschend unter dem Tisch. Dass sich aber jeder Mann im Raum küssend auf die Braut stürzen darf, sobald der Ehemann den Hochzeitssaal verlässt, und die Frauen im Raum über den Neu-Ehemann herfallen, während die Braut auf der Toilette mit ihrem Kleid kämpft oder kurz Luft schnappen ist, das dürfte selbst die größten Romantiker unter Ihnen irritieren. Geknutscht wird der Reihe nach, die Gäste stellen sich brav nacheinander an. Kussfreiheit für alle, sobald einer der Eheleute allein im Raum ist – damit schafft es auch diese dänische Tradition, zu verblüffen und ein Lächeln zu verbreiten. Die Dänen können einfach alles.

PLATZMANGEL HINTER DÄNISCHEN GARDINEN

47

Kriminalität

Hinter schwedischen Gardinen sitzt keiner gern, viele dürfte der Gedanke an kalte Gefängnismauern und Knastalltag ängstigen. Noch ungemütlicher geht es allerdings hinter dänischen Gardinen zu. Dass der Wohnraum einer Gefängniszelle ohnehin zu Platzangst führen kann, dürfte hinreichend bekannt sein, doch in dänischen Strafvollzugsanstalten können sich die Knackis nicht einmal sicher sein, dass sie überhaupt eine eigene Zelle haben.

Die dänischen Gefängnisse sind voll, der Staat spricht von einer Auslastung von 99,9 Prozent – ganz voll also. Die Maximalauslastung von Gefängnissen sollte eigentlich nicht höher als 96 Prozent liegen, momentan ist dies aber unmöglich. Die Häftlinge schlafen teilweise sogar in den Besucherräumen und Werkstätten oder müssen sich mit anderen eine Zelle teilen. 2018 hatten über 30 Haftanstalten mehr Häftlinge als Zellen. Auf Dauer ist dieser Zustand weder für die Häftlinge noch für das Sicherheitspersonal zu ertragen. Zum Platzmangel kommt noch Personalmangel hinzu, eine gefährliche und hochbrisante Mischung für alle. An mehr Plätzen für Häftlinge wird gearbeitet, denn Dänemark erwartet einen weiteren Kriminalitätsanstieg. Ob neue Haftanstalten entstehen oder die Unterbringungsmöglichkeiten in den alten Gefängnissen verbessert werden, wird die Zukunft zeigen.

Obwohl die Jugendkriminalität in Dänemark lange rückläufig war, zeigt sich seit 2007 eine steigende Tendenz. Vor allem in Kopenhagen sorgen Schießereien, Messerstechereien und Straßenschlachten von kriminellen Banden für Unruhe. Deshalb soll unerlaubter Waffenbesitz schnellstmöglich mit einer Woche Gefängnis geahndet werden, früher traf diese Strafe nur Wiederholungstäter. Aber wohin mit den Tätern?

Aufgrund fehlender Ressourcen wird ein großer Teil der Anzeigen gar nicht erst bearbeitet, vor allem bei Einbrüchen landen knapp 30 Prozent der Fälle ohne weitere Ermittlungen in der Ablage. Der Ressourcenmangel betrifft also nicht nur das Personal im Gefängnis, sondern die gesamte Polizei. Durch die Personalnot kommen die Sicherheitsbeamten in extreme Stress- und Drucksituationen, was gerade in diesem Job äußerst gefährlich ist. Mit neuen Geldern und mehr Personal sollen die schlechten Statistiken in den nächsten Jahren korrigiert und Einbrecher abgeschreckt werden.

In den Gefängnissen ist allerdings schon jetzt kein Platz mehr. Wie soll sich diese Situation entwickeln, wenn in Dänemark mehr Einbrüche aufgeklärt werden als bisher? Derzeit gelingt es der Polizei in 90 Prozent der Fälle nicht, die Täter zu stellen und zu bestrafen. Die Justiz arbeitet weiter an einer besseren Aufklärungsrate, doch die Gefängnisse dürften dann erneut vor großen Problemen stehen. Denn das Platz- und Personalproblem in den dänischen Strafanstalten begann seinerzeit mit dem steigenden Erfolg im Kampf gegen die Bandenkriminalität ...

Aber

Erfolg im Kampf gegen Bandenkriminalität soll vor allem die Strategie »Redefining responsibility« bringen. Auch England und Frankreich setzen die entsprechenden Maßnahmen insbesondere gegen Jugendkriminalität ein. Diese »Neudefinition von Verantwortung« sieht vor, dass die Jugendlichen für ihre Taten, die Eltern für ihre Erziehungsfehler und der Staat für seine Versäumnisse zur Verantwortung gezogen werden. Das bedeutet, dass selbst kleine Regelverstöße konsequent bestraft werden und eine Haftstrafe deutlich schneller verhängt wird als zuvor. Außerdem sollen zwischen den Taten, ihrer Aufdeckung und der Verurteilung nur Tage vergehen, nicht wie in den meisten europäischen Ländern Monate oder gar Jahre. Ein zügiger Strafprozess schreckt jugendliche Täter nachweislich am ehesten ab.

Natürlich sollen Haftstrafen bei Jugendlichen dennoch vermieden werden, indem nach Möglichkeit schon die Tat verhindert wird, denn die Rückfallquote ist gerade bei jungen Menschen hoch. Die Dänen setzen auf umfassende Präventionspolitik: Sozialarbeiter besuchen die Familien schon bei kleinsten Vergehen wie Ladendiebstahl, in den Schulen wird offen über Gewalt, Gefängnisstrafen, Recht und Unrecht gesprochen. Den Jugendlichen sollen außerdem gute Perspektiven und Zukunftsaussichten geboten werden, Unzufriedenheit ist einer der Hauptgründe für Gewalt.

Dänemark gehört noch immer zu den sichersten Pflastern der Welt. Sie müssen sich also bei einem Besuch keine Sorgen um Ihre Sicherheit machen. Nur als Häftling könnte es für Sie in Dänemark etwas eng werden.

DÄNISCHE ERFINDUNGEN DIENEN ALS WEGWEISER

48

Erfindungen

Es gibt einfach Dinge, die kann man nicht schlechtreden. Dazu gehören für mich eine Vielzahl an dänischen Erfindungen. Bevor ich also lange versuche, irgendwelche negativen Seiten an folgenden Meilensteinen der technischen, wissenschaftlichen oder chemischen Entwicklung zu entdecken, werde ich diese einfach aufzählen und jeder entscheidet dann selbst, ob diese Erfindungen sein Leben heute noch positiv, negativ oder gar nicht prägen.

Lego

Die kleinen bunten Steine sind ein weltweites Phänomen und machen Kinder rund um den Erdball glücklich. Bereits 1932 gründete der Däne Ole Kirk seine Firma, die später zum Weltkonzern werden sollte. Statt Holz setzte er auf Plastik und stieß damit am Anfang auf reichlich Gegenwind. Die Legos (vom dänischen *leg godt* = spiel gut), wie sie heute überall in den Geschäften stehen, gingen dann 1958 erstmals über den Ladentisch. Mittlerweile arbeiten 17.000 Menschen weltweit für die LEGO Group, und die Umsätze steigen und steigen. In 130 Ländern werden die Steine verkauft; der Hauptsitz der Firma ist natürlich noch immer in Dänemark und zwar in Billund zu finden. Um den Ruf der Plastiksteinchen nicht zu gefährden, stellt sich LEGO seiner Verantwortung für die Umwelt, investiert beispielsweise in erneuerbare Energie.

Eine negative Seite dieser Erfolgsgeschichte könnte sein, dass einem die kleinen Legosteinchen höllische Schmerzen zufügen, wenn man im Kinderzimmer (oder dem Rest der Wohnung, schließlich liegen sie überall verteilt) mit bloßen Füßen darauf tritt.

Insulin

Der dänische Physiologe August Krogh und seine Frau Marie brachten das Insulin 1923 nach Dänemark. Marie Krogh war Ärztin und selbst an Diabetes erkrankt und gründete zusammen mit ihrem Ehemann und dem Arzt Hans Christian Hagedorn das Nordisk Insulinlaboratorium. Damit war der Grundstein für die Etablierung einer breit angelegten Insulinproduktion in Dänemark gelegt. Marie Krogh brachte ihr Wissen über das Insulin von einer Reise aus Toronto mit, dort wurde das Mittel bereits produziert. Die Verfahren wurden nach und nach verfeinert und haben so das Leben vieler zuckerkranker Menschen deutlich verlängert und lebenswerter gemacht.

Genau genommen entdeckten also nicht die Dänen das Insulin, sondern der rumänische Physiologe Professor Nicolae Constantin Paulescu. Mit seiner Entdeckung heilte er 1922 einen an Diabetes leidenden Hund – der Durchbruch. Er meldete das Herstellungsverfahren für Insulin (er nannte es Pankrein) zum Patent an. Als 1923 allerdings der Nobelpreis für Medizin und Psychologie für die Entdeckung von Insulin vergeben wurde, ging der Rumäne leer aus. Frederick Banting und John MacLoad von der Universität von Toronto erhielten die Auszeichnung. Sie hatten die Versuche von Paulescu wiederholt und waren zu den gleichen Ergebnissen gekommen. Allerdings hatten sie den Rumänen in ihrer Arbeit falsch zitiert und ernteten so die Lorbeeren. Sie entschuldigten sich im Nachhinein. Erst danach kamen dann die Dänen ins Spiel und übernahmen die Pionierarbeit in ihrem Land.

Smørrebrød

Während der Rest der Welt noch gelangweilt in der Mittagspause am einfachen Butterbrot nagte, erfanden die Dänen vor vielen Jahrhunderten ihr heiß geliebtes *smørrebrød*. Spätestens durch den Meisterkoch in der Muppet-Show wurde das dänische Butterbrot auch in Deutschland berühmt. Auf Schwarz- oder Vollkornbrot mit Butter türmt man Käse, Wurst, Leberpastete, Gewürzgurken, Lachs, Röstzwiebeln, Heringsfilet, Rote Bete oder was auch immer – Hauptsache reichlich und dick. Zuletzt dekoriert man das Ganze, sodass von der Brotscheibe selbst nichts mehr zu sehen ist. Das *smørrebrød* gilt als Nationalgericht der Dänen und wird von den Einheimischen und ihren Gästen auch heute noch massenweise verzehrt.

Skype

Die Welt ist groß, und immer mehr Familien werden durch den Job voneinander getrennt. Doch egal, wo auf der Welt sich ein lieber Mensch befindet, durch Skype können sich diese Familien sehen, wann immer sie wollen. Auch im Geschäftsleben sitzen Chinesen, Europäer und Afrikaner gemeinsam an einem virtuellen Tisch, halten ihre Meetings ab und können sich stundenlang austauschen, ganz ohne Flüge oder lange Geschäftsreisen und vor allem von Angesicht zu Angesicht. Zusammen mit einem Schweden brachte der Däne Janus Friie dieses Kommunikationswunder 2003 auf den Markt. Damit begann die Ära der kostenlosen, weltweiten Internettelefonie. Für 3,1 Milliarden Dollar verkauften die beiden Skandinavier Skype 2005 an eBay. Im Mai 2011 kaufte Microsoft Skype für 8,5 Milliarden Dollar.

Bei einem Gespräch im Wohnzimmer können Sie normalerweise sicher sein, dass kein Unbeteiligter Ihre Konversation mitverfolgt. Bei Kommunikationsmedien wie Skype gibt es dagegen beinahe monatlich Datenklau-Skandale und Abhörgerüchte.

Die Olsenbande

Die dänische Kriminalkomödie aus dem Jahr 1968 war nicht nur in Dänemark ein absoluter Quotenhit. Auch über die dänischen Grenzen hinweg hat *Die Olsenbande* um Bandenchef Egon Olsen das Publikum in seinen Bann gezogen und zum Lachen gebracht. Während *Die Olsenbande* in der DDR absoluten Kultstatus erreichte, blieb dieser große Erfolg in der BRD weitestgehend aus. Hier lief das Trio als *Die Panzerknacker-Bande* über den Bildschirm. Es wurden Namen geändert und Szenen gekürzt, sodass man der Reihe den dänischen Charakter nahm. In der DDR lief eine professionell synchronisierte Version, die sich sehr genau an das Original hielt.

Damit sind längst nicht alle dänischen Ideen und Erfindungen aufgezählt. Die Endlichkeit der

Lichtgeschwindigkeit wurde von den Dänen entdeckt, ebenso entwickelte man hier die Trockenbatterie, das Isolieren der Hefezellen und die pH-Wert-Skala. Im Weltall waren die Nordlichter natürlich auch schon unterwegs. Die ersten Schritte auf dem Mond haben allerdings bekanntlich andere gemacht.

DIE DÄNEN SIND SCHLUSSLICHT IM FEMINISMUS

49
Diskriminierung

Bereits 2011 hat ein Däne ein Hotel in Kopenhagen verklagt, das mit einer Frauenetage ausschließlich die weiblichen Besucher verwöhnte. In jedem Zimmer eine Badewanne, weichere Kissen – nur mit einer speziellen Zimmerkarte konnten die weiblichen Gäste in diese besondere Etage des Hotels fahren. Männer dagegen hatten keinen Zutritt. »Diskriminierung!«, schrie ein männlicher Gast erzürnt und zog sogar vor Gericht. 2014 bekam der Kläger Recht, und das Hotel musste die Frauenetage dichtmachen.

Was nach verkehrter Welt klingt, ist in Dänemark nicht ungewöhnlich. Ein Gesetz für eine Frauenquote gibt es hier nicht. Sollten Sie einen Dänen oder eine Dänin nach einem Frauenparkplatz fragen, würden Sie vermutlich ausgelacht. Es gibt in Dänemark keine Frauenparkplätze, und die meisten Dänen würden hinter der Frage einen Scherz vermuten.

In dänischen Restaurants ist es übrigens nicht ungewöhnlich, dass Männer und Frauen die gleichen Toiletten benutzen und sich somit auch den Waschraum teilen. Von einer Mutter-Kind-Kur hat in dem kleinen nordischen Land noch niemand etwas gehört.

Es dürfte insofern nicht überraschen, dass die Dänen in puncto Feminismus weit abgeschlagen sind. Laut einer internationalen Umfrage gehört das Land zu einem der am wenigsten feministischen Länder weltweit. So findet es beispielsweise ein Drittel der Däninnen akzeptabel, wenn Männer ihnen hinterherpfeifen – mehr sind es nur in Nigeria.

Unter den westlichen Ländern ist in Dänemark die Abneigung gegen die MeToo-Bewegung am größten. Einen Grund dafür sieht die frühere Gleichstellungsministerin Karen Ellemann in der negativen Konnotation des Wortes Feminismus. Der Begriff gilt in Dänemark als Kampfruf aus den 70er-Jahren. Feminismus werde noch heute oft mit unzufriedenen, männerverachtenden und lesbischen Frauen assoziiert.

Die Däninnen sehen Sprüche oder Handlungen nur dann als sexistisch an, wenn sie das selbst so empfinden. Das führt dazu, dass einige Frauen Dinge als witzig oder als Spaß bezeichnen, die gewisse Grenzen des guten Geschmacks oder des respektvollen Verhaltens deutlich überschreiten – zumindest in den Augen vieler anderer Frauen weltweit.

Aber

Feminismus ist nicht gleich Gleichstellung. In Sachen Gleichstellung sind die Dänen nämlich besonders fortschrittlich und vorbildlich. Die meisten Frauen hier sind berufstätig, in Vollzeit. Auch in der Politik und in Führungspositionen sind die dänischen Frauen stark vertreten, ganz ohne ein Gesetz zur Frauenquote. Anders als beim vorbelasteten Wort Feminismus schreiben sich die Dänen den Begriff Gleichstellung auf ihre Fahnen und sehen diese als Grundwert. Der SDG Gender Index befasst sich mit den verschiedenen Schritten auf dem Weg zu einer globalen Gleichstellung. Auf Platz eins mit einem sehr guten Ergebnis steht Dänemark und kratzt sogar an der Exzellent-Auszeichnung. Eine Medaille hat eben immer zwei Seiten, und einmal mehr beweisen die Dänen, dass sie nicht wahllos auf jeden Zug aufspringen und damit jeder Bewegung blind folgen.

BEI DEN DÄNEN WIRD DIE MILCH IN REKORDZEIT SAUER

50
Lebensmittel

Während gefühlt immer mehr Menschen nach laktosefreien Lebensmitteln suchen und der guten alten Kuhmilch den Rücken kehren, gibt es noch immer eine große Gruppe von wahren Milchprodukt-Junkies. Diese trinken literweise Milch, baden in Joghurtprodukten und bekommen beim Anblick der Käsetheke feuchte Augen. Die H-Milch-Kartons werden in der Garage gestapelt, müssen nicht mal gekühlt werden und sind bis zu 40 Tagen haltbar. Wenn Sie zu diesen Milchfans gehören, sollten Sie nicht nach Dänemark auswandern. Die Dänen halten nämlich gar nichts von haltbarer Milch, pfeifen auf Quark und schmeißen kleine Kekse in ihre Milch.

H-Milch (Haltbarmilch, die durch Ultrahocherhitzung haltbar gemacht wurde) ist nichts für die Dänen, frisch muss das weiße Gold sein und nicht »gekocht«. Wie schon mehrfach erwähnt, sind die Nordlichter echte Sparfüchse, und obwohl die Frischmilch deutlich teurer ist als die H-Milch, greift der Däne niemals zum preisgünstigeren Produkt oder lagert Milch in großen Mengen zu Hause. Für den Verzehr der Frischmilch bleibt damit kaum eine Woche, es lohnt sich selten, zwei Packungen auf einmal zu kaufen. Die Gefahr, dass die zweite Packung im Kühlschrank verdirbt, ist zu groß.

Überhaupt kam die H-Milch erst in den 80er-Jahren durch eine deutsche Supermarktkette nach Dänemark. Die Führungsetage war sicher, dass die Dänen sich an die haltbare Milch gewöhnen und irgendwann nichts anderes mehr wollen würden. Diese Erwartung wurde allerdings enttäuscht – neben zehn verschiedenen Frischmilchangeboten findet der Kunde in Dänemark nur mit Glück eine H-Milchsorte. Während in Spanien und Frankreich über 90 Prozent der verkauften Trinkmilch ultrahocherhitzt wurde und auch die Deutschen und Österreicher diese haltbare Milch in großen Mengen konsumieren, will sich das kleine Dänemark einfach nicht von seiner geliebten Frischmilch trennen.

Generell werden Sie dort oft ratlos vorm Kühlregal stehen und die Worte, die Sie lesen, in Ihrem Kopf kreisen lassen: Ylette, Ymer und A38? Was hat denn jetzt die Autobahn damit zu tun? Dies alles sind Sauermilchprodukte, oft mit Früchten, Müsli oder ähnlichem verfeinert – eine Geschmackssache. Skyr ist wahrscheinlich noch das gängigste Produkt, das Sie im Kühlregal entdecken werden.

Während Joghurt meist in Ein-Liter-Packungen als naturell oder mit Fruchtgeschmack verkauft wird, suchen Sie Quark in den dänischen Regalen meist vergebens. Dafür gibt es Sahne und Creme fraîche im Halbliterpack. Keine Ahnung, wer das alles essen soll. Typisch dänisch ist *koldskål*, ein Gemisch aus Buttermilch und Dickmilch, das sich die Dänen mit sogenannten *kammerjunkere*, einem dänischen Gebäck, verfeinern. Es werden also Mini-Plätzchen in die Buttermilch geworfen. Vor allem im Sommer lieben die Nordlichter diese Buttermilch-Kaltschale.

Es ist übrigens nicht leicht, in Dänemark ungesalzene Butter zu finden. Einfach deshalb, weil die Dänen das Salz in ihrer Butter lieben. Sie müssen bei Milchprodukten Altes loslassen und sich auf Neues einlassen, dann werden Sie auch im Land der Frischmilch glücklich.

Gut zu wissen

Ein großer dänischer Molkerei-Mogul nahm im Juni 2019 an seinen Milchpackungen eine entscheidende Änderung vor. Weil die Milch nach Ablauf des

Mindesthaltbarkeitsdatums oft weggeschüttet wird, obwohl der Inhalt deutlich länger genießbar ist, soll diese Verschwendung mit den Worten »Oft gut danach« gestoppt werden. Damit will der Hersteller die Konsumenten auffordern, das Produkt selbst zu testen und dann zu entscheiden, ob die Milch wirklich in die Tonne gehört. Ein Mindesthaltbarkeitsdatum nehmen viele Verbraucher als Verfallsdatum wahr, und dadurch landen in ganz Europa tonnenweise genießbare Lebensmittel im Müll. Der Milchkarton mit der Ergänzung »Oft gut danach« hinter dem Mindesthaltbarkeitsdatum soll in Dänemark nur der Anfang zum Umdenken sein. Die Konsumenten sollen gezielt geschult und informiert werden und so weniger verschwenden. Maßnahmen und Ideen dazu will der dänische Staat zeitnah vorstellen und in den nächsten Jahren Schritt für Schritt umsetzen.

DIE DÄNEN WARTEN JAHRE AUF IHR URLAUBSGELD

51

Arbeitsrecht

In fast allen Bereichen zeigt sich Dänemark immer wieder als fortschrittlich, modern und innovativ, als digitaler Vorreiter und vor allem als ein Land, das sich niemals auf seinen Erfolgen ausruht, sondern stetig weiter an sich arbeitet. Vor lauter Metro-Bauten, kilometerlangen Fahrradwegen und atemberaubenden Brückenkonstruktionen haben die Dänen allerdings eine Sache seit Jahren völlig übersehen: das Urlaubsgeld. Mittlerweile hat sich sogar schon die EU-Kommission dieses Problems angenommen und ermahnt die Dänen, ihr uraltes Urlaubssystem zu überarbeiten.

Im Gesetz steht, das jedem Dänen mindestens 25 Urlaubstage zustehen, weitere freie Tage liegen im Ermessen der Firma. So weit, so normal. Beginnt ein Däne einen neuen Job, kann er sich die Urlaubstage im ersten Jahr erarbeiten und sammeln. Im darauffolgenden Jahr hat er dann Anspruch darauf. Wie bitte? Das würde ja bedeuten, dass es im ersten Arbeitsjahr keinen einzigen bezahlten Urlaubstag für die Angestellten gibt. Ja, so ist es! Wer im ersten Jahr Urlaub machen möchte, wird dafür keinen Cent sehen und verzichtet damit auf Gehalt.

Das Ansparen der Urlaubstage ist über den Zeitraum des Kalenderjahres möglich, einsetzen dürfen Sie die angesparten Urlaubstage, auf die Sie ja nun schon ein Jahr warten, aber erst ab dem 1. Mai des Folgejahres. Wenn es dumm läuft, warten Sie also 16 Monate auf Ihren ersten bezahlten Urlaub in der neuen Firma. Doch damit ist das Ende der Fahnenstange noch lange nicht erreicht.

Sollten Sie im ersten Jahr aus irgendeinem Grund den Ansparungszeitraum unterbrechen, zieht sich dieses Prozedere ins Unendliche. Nehmen Sie ein Erziehungsjahr oder wechseln Sie mitten im Jahr den Job, können Sie auch bis zu zwei Jahre auf die 25 Urlaubstage mit Bezahlung warten.

Bei aller Lockerheit, Flexibilität und Dynamik, die in diesem Land gelebt wird – das dänische Urlaubssystem muss dringend überholt werden. Die Regierung hat dies jedoch erst nach der zweiten Abmahnung aus Brüssel eingesehen. 2015 nahm sich endlich ein Ausschuss der Problematik an, und drei Jahre später verabschiedete das dänische Parlament eine Änderung des Urlaubsgesetzes. Danach kann der bezahlte Urlaub in dem gleichen Zeitraum genommen werden, in dem er erarbeitet wird. Seit September 2021 sind die neuen Regelungen in Kraft und Dänemark wieder ein Stück moderner.

Aber

Das veraltete Urlaubsgesetz scheint in Dänemark eine absolute Ausnahme zu sein, denn auch in der Berufswelt gelten die Nordlichter als absolute Vorreiter. Wie schon in Kapitel 8, S. 45, beschrieben, schauen viele europäische Länder neidisch auf die perfekte Work-Life-Balance der Dänen. Diese erreichen die Nordlichter vor allem dadurch, dass sie auf Überstunden verzichten, eine flache Hierarchie in der Arbeitswelt genießen und keine Angst vor Fehlern am Arbeitsplatz haben müssen.

Aber auch den Arbeitsweg und das Pendeln zur Arbeitsstelle machen sich die Dänen leicht, stecken nicht stundenlang im Berufsverkehr fest. Sie steigen auf ihre Bikes, oder sie nutzen ihre *Rejsekort* (Reisekarte), die Fahrscheine und Tickets überflüssig macht. Das landesübergreifende System ermöglicht das Pendeln im ganzen Land, egal ob mit Zug, Bus oder Metro. Man lädt sich online ein Guthaben auf die Karte und kann danach jedes dieser Fortbewegungsmittel nutzen. Fällt der Betrag auf der Karte unter eine gewisse Grenze, kann man das Guthaben automatisch aufstocken lassen, denn natürlich ist die Karte mit dem Bankkonto verbunden. So müssen Pendler weder an irgendwelchen Automaten anstehen, noch besteht die Gefahr des Schwarzfahrens, sollte auf der Karte plötzlich kein Guthaben mehr sein. Mittlerweile braucht man auch kein Kärtchen mit Lichtbild mehr, sondern es gibt natürlich eine *Rejsekort*-App. Oh, du geliebtes digitales Dänemark!

DIE DÄNEN MÖGEN ES BRUTAL, DÜSTER UND BLUTIG

52
Literatur

Ohne Krimi geht die Mimi nie ins Bett, aber dänisch sollte er sein. Die Skandinavier sind für ihre düsteren, blutigen, spannenden und brutalen Krimis bekannt. Sicher nichts für schwache Nerven. Nordic Noir, Scandi Noir oder Nordic Killing nennt man das Genre der Bestseller und Serienerfolge aus Skandinavien. *Fräulein Smillas Gespür für Schnee* von Peter Høeg gilt heute als eines der stilprägendsten Werke des dänischen Krimis. Millionenfach verkauft wurden auch Jussi Adler-Olsens Romane rund um seinen Helden Carl Mørck vom Sonderdezernat Q. Und auch 2019 mussten die Krimifans nicht ohne neuen Lesestoff aus dem kleinen skandinavischen Land leben. Der Drehbuchautor Søren Sveistrup stand mit seinem Thrillerdebüt *Der Kastanienmann* wochenlang auf den ersten Plätzen der Bestsellerliste.

Wer zu faul zum Lesen ist und gute Krimis im TV mag, kann sich ebenfalls auf die blutrünstigen Dänen verlassen. Durch TV-Serien wie *Borgen – Gefährliche Seilschaften*, *Kommissarin Lund – Das Verbrechen* und *Die Brücke – Transit in den Tod* gibt es in vielen Ländern eine große Fanbase für dänische Krimiserien. Horror, Dramen und Thriller, das können die Dänen. Vermutlich werden die Krimiautoren von den langen, düsteren Wintermonaten inspiriert. Die Krimis aus dem Norden sind also blutig, aber alles andere als sinnloses Gemetzel. Der Nervenkitzel mit Niveau und guten Storys ist typisch für skandinavische Krimis und beglückt auch deutsche Buch- und Serienfans. Die Krimis sind oft literarisch anspruchsvoll geschrieben, stilistisch großartig gemacht und heben sich von der Masse ab. Sie sind komplex und haben mehrdimensionale Charakterzeichnungen, die oftmals auch Nebenfiguren einbeziehen. Sozialkritische und politische Hintergrundinformationen gibt es obendrauf. Mittlerweile werden manche dieser Werke in Deutschland sogar als Schulliteratur eingesetzt. Blutige, düstere Krimis werden dank der dänischen Autoren salonfähig und massentauglich. Dass die Dänen auch ein andere, eine weiche Seite haben, beweisen dagegen weltberühmte Philosophen und Schriftsteller der dänischen Geschichte.

Aber

Das kleine Land hat weltbekannte Dichter und Denker hervorgebracht, ganz ohne Krimi. Neben Søren Aabye Kierkegaard, einem der berühmtesten Philosophen, ist der Schriftsteller und Dichter Hans Christian Andersen weltweit bekannt.

Sie wissen nicht, wer Andersen war? Sie wissen es! Aus der Feder des im dänischen Odense geborenen Künstlers stammen Märchen wie *Das hässliche Entlein, Das Feuerzeug, Die Prinzessin auf der Erbse, Des Kaisers neue Kleider, Der fliegende Koffer* und *Die Schneekönigin* – Weltliteratur. Viele seiner Märchen und Geschichten werden heute noch verfilmt und wiederbelebt. So zum Beispiel *Die kleine Meerjungfrau*, die es als *Arielle* noch heute in die Kinderzimmer und Spielwarengeschäfte schafft. Wer die »echte« kleine Meerjungfrau sehen möchte, kann dies in der dänischen Hauptstadt Kopenhagen tun, sie ist das Wahrzeichen der Stadt. Aber bitte sagen Sie Ihren Kindern vorher, dass die kleine Bronzefigur keine roten Haare hat wie Arielle.

Andersen, ein Sohn aus einfachen Verhältnissen, kämpfte ein Leben lang um Ansehen für sein Schaffen. Als Schauspieler und Sänger scheiterte er, sein großer Erfolg als Dichter und Schriftsteller stellte sich erst nach seinem Tod ein. Auch das Glück in der Liebe blieb Andersen verwehrt, er heiratete nie und verbrachte die meiste Zeit seines Lebens mit Liebeskummer und der Suche nach seiner Traumfrau. Aber das passiert ja bekanntermaßen den Besten.

DIE DÄNEN KNUTSCHEN NICHT AUF DER RÜCKBANK

53

Kfz-Wesen

Um zu verstehen, warum einige Dänen keine Rücksitze im Auto haben, bedarf es einiger Erklärungen. Fakt ist aber, dass sie die Autos ohne Rückbank kaufen, es liegt also schon mal nicht daran, dass sie besonders gern an ihnen herumschrauben und neue Sachen ausprobieren. Wer in Dänemark ohne hintere Sitzreihe unterwegs ist, hat dadurch oftmals nicht nur mehr Stauraum, sondern auch einen finanziellen Vorteil.

Nachteil ist allerdings, dass man ohne Rückbank auch nicht auf dieser knutschen kann – die dänische Jugend hat es also schwer. Betrachten wir die

Nummernschilder der Fahrzeuge, kommen wir der Ursache des Knutschproblems nämlich schon näher. Selbst aus weiter Entfernung kann jeder erkennen, welche Autos eine Rückbank besitzen und welche nicht. Die dänischen Autos haben nämlich entweder ein weißes, ein gelbes oder ein weiß-gelb geteiltes Nummernschild. Das weiße Kennzeichen gehört zu Privatfahrzeugen, das gelbe zu Fahrzeugen für den kommerziellen Gebrauch (Firmenwagen), und das zweigeteilte Nummernschild zeigt die kommerziellen Fahrzeuge mit privater Nutzungsmöglichkeit an. Auch ohne Firmenlogo auf dem Wagen ist also sofort zu erkennen, wofür das Auto genutzt wird, privat oder geschäftlich. So weit, so verständlich.

Anders als in den meisten europäischen Ländern enthält das Kfz-Kennzeichen allerdings keinen Hinweis auf die Herkunftsregion des Fahrers. Das Nummernschild beginnt mit zwei beliebigen Buchstaben, gefolgt von einer fünfstelligen Zahlenkombination. Für Menschen, die sich ein solches Kennzeichen nicht merken können, gibt es auch die Möglichkeit eines Wunschkennzeichens, dieses kostet allerdings mehrere Hundert Euro.

Gut zu wissen

In Dänemark können sich Verkehrsteilnehmer ein Wunschkennzeichen für ihr Auto, ihren Wohnwagen und ihr Motorrad aussuchen. Die Schilder sind acht Jahre gültig und mit Kosten von 9.430 Kronen (ca. 1.250 Euro) kein Schnäppchen. Zu beachten sind nur drei Regeln: Das Kennzeichen muss aus zwei bis sieben Zahlen oder Buchstaben bestehen, es darf noch nicht vergeben und der Inhalt natürlich nicht anstößig sein.

Da Sie wissen, dass die Dänen am eigenen Fahrzeug sparen und nicht sonderlich an ihren Autos hängen, sollte Ihnen klar sein, dass Sie ein solches Kennzeichen nicht allzu häufig auf der Straße entdecken werden. Eigentlich schade, denn nicht selten sind richtig kreative Ideen dabei: *GOD JUL* (Frohe Weihnachten), *1000 TAK* (1000 Dank).

Am liebsten werden natürlich Namen benutzt. Ein paar dieser Wunschkennzeichen dürften auch Nicht-Dänen zum Schmunzeln bringen. Bei Schildern wie FBI, A-STRID, RED TOY oder AMAZON versteht sofort jeder, was gemeint ist, auch wenn er des Dänischen nicht mächtig ist.

Spezielle Nummernschilder gibt es außerdem für das Königshaus (mit Krone), und auch die dänischen Streitkräfte sind anhand von Symbolen zu erkennen. Die Kennzeichen der Feuerwehr zeigen meist das Wappen der Wache, und der Katastrophenschutz arbeitet mit gelben Ziffern. So weit, so verwirrend.

Nun aber endlich zum Problem mit der Rückbank. In Dänemark ist es nämlich möglich, einen Pkw als Lkw zuzulassen, damit fällt eine geringere

Registrierungsgebühr an. Wie in Kapitel 2, S. 17, bereits ausgeführt, geht es dabei um sehr viel Geld. Diese Fahrzeuge bekommen dann ein gelbes Nummernschild und dürfen keine Rückbank haben. Für die private Nutzung sind sie damit kaum zu gebrauchen. Doch besonders für kleinere Handwerksbetriebe oder Putzkolonnen macht eine solche Entscheidung nicht nur finanziell Sinn, sondern schafft auch wertvollen Platz in nicht so großen Autos. Natürlich gibt es nicht jedes Automodell ohne Rückbank zu kaufen, die Auswahl ist dennoch groß genug. Geld sparen und trotzdem privat (oder auch geschäftlich) auf der Rückbank knutschen ist also nicht immer möglich.

Harte Fakten

Obwohl die Dänen seit dem Zweiten Weltkrieg mehr und mehr Autos auf ihren Straßen zugelassen haben und nun bei über drei Millionen Fahrzeugen (2,5 Millionen für den privaten Gebrauch) sind, liegt Dänemark noch immer unter dem EU-Durchschnitt. Dieser liegt bei 500 zugelassenen Pkw pro 1.000 Einwohner. In Dänemark kommen nur 420 Autos auf 1.000 Menschen.

DÄNISCHE NAMEN SIND SCHALL UND RAUCH

54

Namensgebung

Die dänische Sprache wird als kurz und präzise bezeichnet. Was sich allerdings nach leicht verständlich und einfach anhört, ist das ganze Gegenteil. Wie schon in Kapitel 4, S. 26, ausführlich beschrieben, können Ausländer beim Versuch, die Sprache zu erlernen, schier verzweifeln. Gerade die Parallelen zur deutschen Sprache machen es einem nicht immer leicht und können einen schnell in die Irre führen. Falsche Freunde nennt man diese Fallen, und das sind sie wirklich.

Wenn Sie das dänische Wort *øl* lesen, denken Sie sicher auch an das deutschen Wort Öl und sind sich sicher, die Übersetzung bereits gefunden zu haben.

Wenn Sie allerdings Ihre Speisen in *øl* anbraten, werden sich vor allem die Männer freuen: *Øl* bedeutet übersetzt nämlich Bier.

Doch damit nicht genug: Wirklich verwirrend wird es bei den Begrifflichkeiten für die bucklige Verwandtschaft. Den Dänen reicht es nicht, Mutter, Vater, Oma, Opa, Onkel und Tanten zu haben. Das kleine skandinavische Land besteht darauf, klar zu definieren, dass es sich bei der einen Großmutter um die Oma mütterlicherseits handelt und die andere von Seiten des Vaters kommt. Frei übersetzt sprechen wir also von der Muttersmutter und der Vatersmutter. Das gleiche Prinzip gilt für die Großväter und auch den Rest der Verwandtschaft. Aha. Warum genau die familiäre Herkunft so detailliert genannt werden muss, dürfte den meisten Nicht-Dänen ein absolutes Rätsel bleiben.

Harte Fakten

Hier die Familienverhältnisse im Überblick. Verwirrt sein dürften Sie dennoch:

mor – Mutter

far – Vater

mormor – die Mutter der Mutter, also die Großmutter mütterlicherseits

morfar – der Vater der Mutter, also der Großvater mütterlicherseits *farfar* – der Vater des Vaters, also der Großvater väterlicherseits

farmor – die Mutter des Vaters, also die Großmutter väterlicherseits

søster - Schwester

bror – Bruder

morbror – der Bruder der Mutter, also der Onkel mütterlicherseits

farbror - der Bruder des Vaters, also der Onkel väterlicherseits

moster – die Schwester der Mutter, also die Tante mütterlicherseits

faster – die Schwester des Vaters, also die Tante väterlicherseits

tante – die angeheiratete Frau des *morbror* oder *farbror*

onkel – der angeheiratete Mann der *moster* oder *faster*

Ebenso verwirrend wie die dänischen Familienverhältnisse dürfte für Sie sein, wenn Herr Rassmus von nebenan plötzlich Herr Bech heißt, ganz ohne Hochzeit. Ebenso kann es passieren, dass Ihr Arbeitskollege gestern noch Sven hieß und sich heute Kasper rufen lässt. Die Dänen wechseln ihre Namen wie andere ihre Unterwäsche, und es ist genau so unkompliziert.

In manchen Jahren wechseln bis zu 5.000 Dänen ihren Vornamen. Meist sind es Frauen, die ihren

Namen leid sind. Dabei wird der Vorname häufig vereinfacht oder aufgrund der Verbreitung des Namens geändert. So wird aus einer Susanne eine Sanne oder Su, René hat keine Lust mehr auf den Akzent und lässt den kleinen Strich streichen, und aus Anne wird eine Mette, weil Anne der beliebteste Vorname in Dänemark ist und Gott und die Welt so heißt. Platz zwei und drei der beliebtesten weiblichen Vornamen belegen übrigens Kirsten und Hanne. Wie so viele Menschen wollen aber auch die Dänen einzigartig und Individuen sein, ein Allerweltsname passt da nicht ins Bild.

Zehnmal häufiger als der Vorname wird allerdings der Nachname geändert. Anscheinend vergeht der dänischen Bevölkerung immer mehr die Lust auf das typisch dänische »-sen« am Ende. Die häufigsten Nachnamen in Dänemark sind Nielsen, Jensen, Hansen und Petersen – offenbar zu viele »-sens« für den Geschmack einiger Dänen.

Während in den meisten Ländern ein psychischer Hintergrund oder Mobbing vorliegen muss, um mithilfe endloser Dokumente und Antragsberge den eigenen Namen zu ändern, ist dies in Dänemark ohne Begründung möglich und völlig unkompliziert. In Deutschland muss eine Person nachweisen können, dass sie unter ihrem Namen und dem damit verbundenen Mobbing leidet (zum Beispiel Frau Pimmelkopf, Herr Fickert) oder psychischem Druck ausgesetzt ist. Nur in diesem Fall darf der Name einmalig geändert werden. In Dänemark ist keine Begründung notwendig, und der Name darf mehrfach geändert werden.

Einen Kurztrip ins beliebte Urlaubsland, um Ihren Namen zu ändern, sollten Sie dennoch nicht buchen. Sie können als Ausländer nicht einfach Ihren Namen in Dänemark ändern und den neuen Namen über die Grenze mit nach Hause nehmen. In der Regel gelten für jeden Menschen die Gesetze zur Namensänderung des Heimatlandes.

Aber

Auch wenn der Vor- oder Zuname in Dänemark nach Belieben geändert werden kann, kommt es nicht zu Verwechslungen oder Problemen. Zwar freuen sich die Nordlichter über das liberalste Namensrecht Europas, durch die unveränderliche Personennummer (siehe Kapitel 3, S. 22) spielt der Name aber auch keine große Rolle. Unternehmen und Behörden nutzen die CPR-Nummer zur Identifizierung von Personen, der Name wird damit zweitrangig. Ob sich Ihre Nachbarn allerdings daran gewöhnen können, wenn Sie alle fünf Jahre einen anderen Namen ausprobieren, ist fraglich. Spannend ist es dennoch. Wie würden Sie sich nennen, wenn Sie frei wählen dürften? Ich frage mich immer, wie meine Eltern es finden würden, wenn ich ihren mit viel Liebe und sorgfältig ausgewählten Vornamen für mich einfach ändern lassen würde.

PEINLICHE STOLPERFALLEN BEIM GEOGRAFIE-WUNDER DÄNEMARK

55 Dänemark-Quiz

Sie haben es also geschafft, und das ganze Buch über Dänemark gelesen, dann müssen Sie ja jetzt ein wahrer Dänemark-Kenner sein. Dachte ich auch, als ich mit dem Buch begann, aber glauben Sie mir, wir wissen nur einen Bruchteil. Glauben Sie nicht? Dann viel Spaß beim letzten Kapitel, am Ende werden Sie mir Recht geben.

Wenn Sie nicht gerade Geografie studiert haben, überzeugter Dänemark-Fan, Auswanderer oder Dauerurlauber sind oder aber ein Allgemeinwissen haben, das andere alt aussehen lässt, dann müssen Sie sich wahrscheinlich eingestehen, dass Sie so ziemlich gar nichts über das kleine Nachbarland von Deutschland wissen. Mit viel Glück können Sie noch stolz sagen, dass die Hauptstadt von Dänemark Kopenhagen ist und nicht Stockholm, wie der ein oder andere vermutet. Über die dänischen Bräuche und Traditionen haben Sie auf den letzten Seiten auch eine Menge gelernt. Wussten Sie aber zum Beispiel, dass Dänemark eine Inselnation ist? Legen Sie doch mal alle Sachen zur Seite, nehmen Sie einen Stift zur Hand und versuchen Sie den folgenden Geografie-Test über Dänemark zu meistern:

1. Aus wie vielen Inseln besteht Dänemark?
   a) 14
   b) 140
   c) 1.400

2. Wie groß ist Dänemark?
   a) 43.000 km^2
   b) 52.000 km^2
   c) 61.000 km^2

3. Wie weit sind der nördlichste und südlichste Punkt Dänemarks voneinander entfernt (Luftlinie)?
   a) 350 km
   b) 550 km
   c) 750 km

4. Über wie viele Kilometer erstreckt sich Dänemarks Küste?

a) 3.000 km
b) 5.000 km
c) 7.000 km

5. Wie hoch ist die maximale Entfernung zum Meer in ganz Dänemark? (Dieser Fakt wurde im Buch erwähnt)

a) 50 km
b) 100 km
c) 150 km

Zu gern würde ich Ihre Antworten kennen! Ich möchte ehrlich sein: Nach drei Jahren Dänemark hätte ich ohne dieses Buch und die Recherchen dazu höchstens eine dieser Fragen richtig beantwortet. Ohne jemanden bloßstellen zu wollen: Mein Mann lebt ebenfalls seit drei Jahren in diesem wunderschönen Land, hat Geografie auf Lehramt studiert und ist gerade mit Pauken und Trompeten durch das Quiz gerasselt. Peinlich? Nein, verständlich. Dieses Land ist einfach zu speziell, und deshalb kommen hier die Lösungen mit der jeweiligen Erklärung dazu.

Dänemark besteht aus 1.400 Inseln (Antwort 1c). Schon das dänische Festland Jütland ist per Definition eine Halbinsel – die zwei Drittel der Gesamtfläche Dänemarks ausmacht. Gäbe es nicht die Mindestgröße von 100 Quadratmetern, ließe sich die Anzahl der dänischen Inseln beliebig erhöhen. Doch erst ab dieser Größenordnung sprechen die Dänen von einer Insel, kleinere Eilande werden nicht erfasst. Allerdings sind nur 391 dänische Inseln überhaupt mit Namen registriert und keine 80 davon bewohnt. Zu den bekannteren Inseln zählen neben Jütland Seeland, Vendsyssel-Thy (eine nordjütische Insel), Fünen, Lolland und Bornholm. Das größte Problem beim Zählen der dänischen Inseln ist die Tatsache, dass eine Insel nicht immer eine Insel ist. Neben Inseln gibt es Halbinseln, Riffe, Sandbänke und Schären. Manche Inselgruppen werden von Wissenschaftlern zu einer Insel zusammengefasst, andere nicht. Durch Sturmfluten entstehen ständig neue Inseln, die vorher zum Festland gehörten. Auch durch Teilchenablagerungen entstehen neue Inseln, andere dagegen verschluckt das Meer. Dänemark und Äquatorialguinea sind übrigens weltweit die einzigen mit einem Kontinent verbundenen Länder, deren Hauptstädte auf einer Insel liegen.

Harte Fakten

Als würde es nicht schon reichen, dass die Natur ständig neue Inseln formt oder andere verschwinden lässt, wird die Inselzählerei durch Menschenhand noch einmal verwirrender. Die künstliche Insel Peberholm entstand im Rahmen des Bauprojekts der Öresundbrücke (siehe Kapitel 23, S. 107) zwischen Dänemark und Schweden. Künstlich angelegte Inseln beeinflussen die Statistik also ebenfalls. Mit einer Angabe von über 1.400 dänischen Inseln liegen Sie immer richtig, aber legen Sie sich besser nicht auf eine genauere Zahl fest.

Die Größe Dänemarks kann deutlich genauer bestimmt werden als die Anzahl der Inseln: Antwort 2a ist richtig, knapp 43.000 km² ist das nordische Land groß oder eben klein (Grönland und die Färöer-Inseln nicht eingerechnet). Auf dieser Fläche leben etwa 5,7 Millionen Menschen. Bei dieser überschaubaren Größe Dänemarks dürfte es nicht verwunderlich sein, dass der nördlichste und südlichste Punkt nur 356 Kilometer voneinander entfernt liegen (Antwort 3a). Zum Vergleich: In Deutschland beträgt der Abstand 870 Kilometer.

Die wunderschöne dänische Küste erstreckt sich laut offiziellen Angaben über 7.314 Kilometer. Damit ist Antwort 4c korrekt. Da jedoch auch die Küstenlinie permanent von der Natur und den Gezeiten beeinflusst wird, ist diese Zahl nicht in Stein gemeißelt. Eine aktuelle Berechnung korrigiert durch die Anwendung eines exakteren Maßstabs die Länge der dänischen Küstenlinie sogar auf über 8.700 Kilometer.

Auch die letzte Antwort im Quiz zeigt, wie wundervoll und überraschend das kleine Land Dänemark ist.

Egal, wo Sie sich gerade befinden, in Dänemark sind Sie nie weiter als 50 Kilometer vom Meer entfernt (Antwort 5a). Das klingt doch schon nach Urlaub und Freiheit. Natürlich ist diese Tatsache auch ein Grund dafür, dass das kleine nordische Land als Urlaubsziel für Gäste mit dem Wohnwagen besonders attraktiv ist.

Gut zu wissen

Auch wenn der nördlichste und der südlichste Punkt Dänemarks nur 356 Kilometer auseinander liegen, den Dänen ist das zu weit. Wenn Sie mit dem Auto von Skagen nach Gedser fahren, brauchen Sie dafür fünf Stunden. Nach diesen fünf Stunden im Auto haben Sie ein ganzes Land durchfahren. Die Dänen empfinden Entfernungen jedoch anders als Einwanderer oder Urlauber. Krass gesagt: Alle Autofahrten, die mehr als zwei Stunden in Anspruch nehmen, sind nicht mal einen Wochenendtrip wert. Eine halbe Woche Urlaub plus Wochenende werden dafür eingeplant, und es braucht Pausen, viele Fahrpausen …

Und jetzt gehen Sie raus in die Welt und glänzen Sie nicht nur mit Ihrem Wissen über die dänische Kultur, über Bräuche und Traditionen, sondern auch mit geografischem Fachwissen, das Ihrem Gegenüber die Tränen in die Augen treiben wird.

DANKE

Als ich aus beruflichen Gründen mit meinem Mann nach Dänemark ging, nahm ich nicht nur Umzugskartons, sondern auch einen ganzen Haufen Vorurteile mit: »In Dänemark ist immer schlechtes Wetter, das Land ist voller Blondinen, und wahrscheinlich werde ich eine gewisse Zeit brauchen, bis ich mich wohlfühle.« Niemals hätte ich mir das skandinavische Land für eine Auswanderung ausgesucht, gefallen mir doch die warmen und südlichen Gefilde deutlich besser. Nach zwei Wochen war ich allerdings so unsterblich in dieses kleine nordische Land und seine Bewohner verliebt, dass ich wusste: Dies wird die beste Zeit meines bisherigen Lebens!

Aus diesem Grund geht das größte Dankeschön an Dänemark und die Dänen. Ich habe mich nie fremd gefühlt und nach unserer Ankunft nichts als Respekt,

Hilfsbereitschaft, Interesse und ehrliche Gastfreundschaft und Nachbarschaftshilfe erfahren. Liebe Nicole, liebe Inger Lise, liebe Kirsten und Birgitte, durch euch wurde die Zeit in diesem fremden Land besonders, lustig, lebenswert und *hygge*. Ihr habt mir gezeigt, was die Dänen ausmacht, und mich und meine Familie in eure Leben gelassen: *Tusind tak!*

Besonders wichtig für dieses Buch waren außerdem meine Sprachschule A2B und meine Muttergruppe. Ohne die endlosen Stunden im Dänischunterricht und das dänische Kauderwelsch meiner Mamis hätte ich diese unverschämt schwere Sprache wahrscheinlich nie gelernt. Dank euch konnte ich mich nach einem Jahr gut in der Landessprache verständigen und vor allem hören und lesen, was um mich herum geschieht.

Ebenfalls möchte ich mich bei meinem Verleger Matthias Walter und meinem Literaturagenten Dr. Martin Brinkmann bedanken. Danke für das große Vertrauen und die Chance, dieses Buch schreiben zu dürfen. Die Zusammenarbeit hat mich stets motiviert und als Autorin vorangebracht. Liebe Katha, dir möchte ich danken, dass du nun schon das zweite Buch von mir korrigierst und damit besser machst.

Überraschenderweise möchte ich mich heute auch das erste Mal beim Fußballbusiness bedanken. Ohne Brøndby IF wären wir niemals in Dänemark gelandet. Nach drei Jahren in diesem wundervollen Land, zwei Kindern, sportlichen und kreativen Erfolgen und unzähligen unvergesslichen Momenten voller Glück, Spannung, Enttäuschung und Gelassenheit möchten wir diese Zeit nie mehr missen und werden immer an Dänemark zurückdenken. Für mich war es der schönste Job der Welt, mein Wissen und meine Erfahrungen aus diesen Jahren in diesem Werk niederzuschreiben.

Das größte Dankeschön geht an meinen Mann Alexander und meine Familie – dafür, dass ihr immer hinter mir steht, mich unterstützt und mich jeden Tag glücklich macht.

Last but not least danke ich Ihnen, liebe Leser, dass Sie dieses Buch in den Händen halten. Ich weiß, wie viele Dänemarkfans alle Informationen zu diesem kleinen skandinavischen Land aufsaugen wie ein Schwamm. Darum hoffe ich, dass dieses Buch Sie noch überraschen und zum Lachen bringen konnte und Sie voller Fernweh nach günstigen Dänemark-Flügen suchen. Außerdem hoffe ich, dass ich den ein oder anderen Unwissenden für Dänemark begeistern konnte. Bei Fragen, Kritik und natürlich auch Lob können Sie sich jederzeit persönlich an mich wenden: info@kristinavomdorf.com

Sollten Sie mein Leben weiterhin verfolgen oder noch mehr Texte zum Thema Dänemark lesen wollen, schauen Sie gern auf meinem Blog vorbei: www.kristinavomdorf.com

STICHWORT-VERZEICHNIS

Was die Touristeninformation verschweigt

Was Sie dachten,
NIEMALS über das REISEN
wissen zu wollen

Was Sie dachten,
NIEMALS über DÄNEMARK
wissen zu wollen

Was Sie dachten,
NIEMALS über die NIEDERLANDE
wissen zu wollen

Was Sie dachten,
NIEMALS über ENGLAND
wissen zu wollen

Was Sie dachten,
NIEMALS über INDIEN
wissen zu wollen

Was Sie dachten,
NIEMALS über JAPAN
wissen zu wollen

Was Sie dachten,
NIEMALS über KANADA
wissen zu wollen

Was Sie dachten,
NIEMALS über KROATIEN
wissen zu wollen

CON
BOOK.

Die junge Frau und das Meer – Coming-of-Age meets Heimatliteratur

Sylvie Gühmann

Die junge Frau und das Meer

Warum ich in Ostfriesland den Überblick behalte

ISBN 978-3-95889-388-7
ISBN 978-3-95889-392-4

Ostfriesland – unendliche Weiten. Und eine Frau, die, umgeben von Wasser, Wind und plattem Land, heranwächst und sich wundert. Sylvie Gühmann berichtet über ihre Angst vor Bergen, grotesken Felsen und Abgründen, von ihrer Angst vor dem Unüberblickbaren.

Sie erzählt von der Wuchtigkeit des Nichts, der Kraft der Leere der ostfriesischen Landschaft und der Teezeremonie, ihrem Alltagsanker. Mit Mitte zwanzig, inmitten der Großstadt Hamburg, fragt sie sich, was sich alle Wandernden mit Mitte zwanzig fragen: Will ich eigentlich zurück?

CON BOOK.

Ein Kompendium der schönsten Strecken Europas

Veronika Wengert und Jörg Dauscher
Nachtzugreisen
Die schönsten Strecken Europas

ISBN 978-3-95889-416-7
ISBN 978-3-95889-425-9

In vielen europäischen Ländern schlummerte das Reisen im Nachtzug einen langen Dornröschenschlaf. Nun ist es wieder da! In Zeiten von Slow Travel und Nachhaltigkeit erlebt dieses ganz besondere Reiseerlebnis einen echten Boom: Das Nachtzugnetz wächst, und jedes Jahr kommen neue Verbindungen hinzu.

Spannende Städte, traumhafte Landschaften und weniger bekannte Lieblingsorte lassen sich nicht nur ganz entschleunigt, sondern auch umweltfreundlich bereisen. Lassen Sie sich inspririeren und entdecken Sie die schönsten Nachtzugstrecken in ganz Europa.

CON
BOOK.